米川センセイの子育て相談

ママのミカタ こどものミカタ

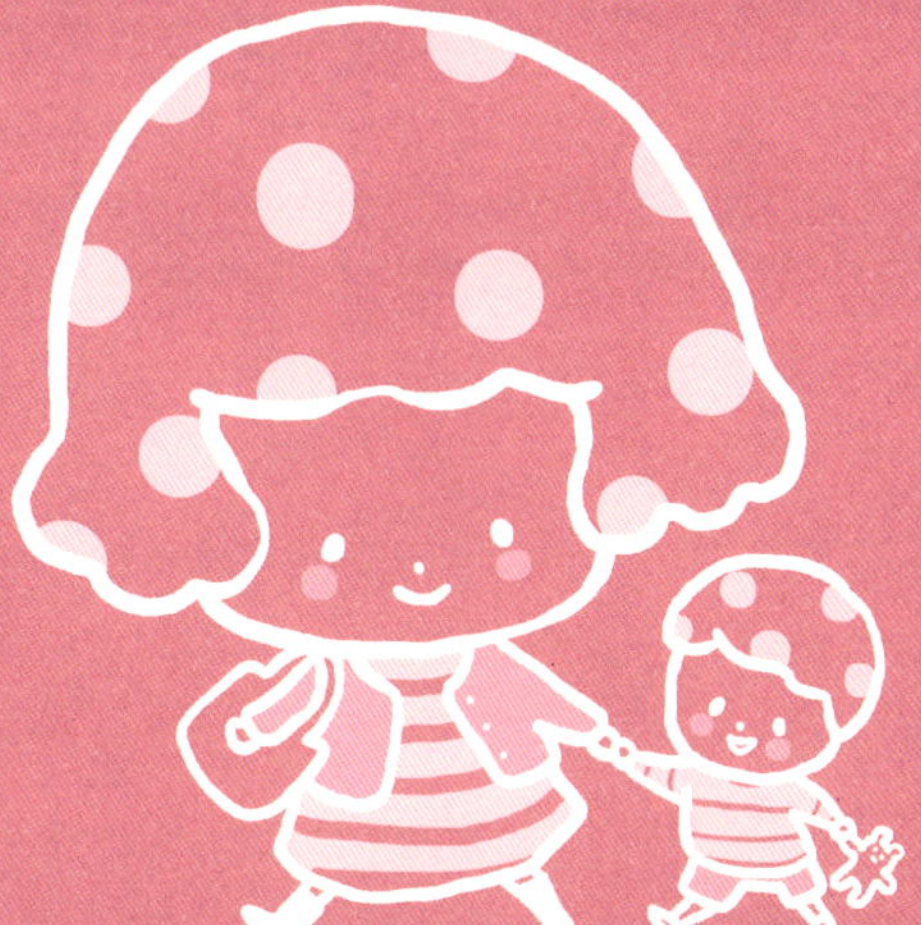

はじめに

『窓から差し込んでくるあたたかい日差しの中で、ゴキゲンでニコニコ手を伸ばしてくる赤ちゃん。「はあい、ママですよ～。さあ、ネンネしましょうかぁ」抱っこしてユラユラあやしていると、スウスウと寝入っていく赤ちゃん。「ああ～、かわいいなぁ…」』。大きいお腹を触りながら、まだ「我が子との生活」を体験したことのない私はこんな風景を予想していました。

30歳にして私は「母」になりました。それまで、私は赤ちゃんを触ったことがありませんでした。知り合いの赤ちゃんも、何だかコワくて眺めているだけだったのです。産まれたての我が子に「なんだコレ～!?どうやって抱っこするの～??」という興奮と戸惑い。

それからの日々は、「ええ～、赤ちゃんってもっと寝るものなんじゃないの?なんで寝ないのよ～!」「出産前の予想とは全然違うじゃないか～!」悶々イライラ。だって、テレビのCMはニコニコ赤ちゃんばかりだったから…。

今、子育てされている方の中にも、私とよく似た思い、いやそれ以上の大変な思いをされている方がたくさんいらっしゃることでしょう。

子どもを産んだからといって、すぐステキな親になれるワケではないのです。初めての体験はわからない、うまくできないことだらけです。

そんな中で、子どもについて、子育てについて、少しでも知識があったら助かります。

「はっぴーママ」の連載を担当しながら、また、各地の子育て講座を担当しながら、たくさんの子育て中の親御さんにお会いします。皆さん、忙しい日々の中、一所懸命子育てされています。一所懸命されているのに、知らなくて大変な思いをされている親御さんもいらっしゃいます。知れば、「ああ、そんなことだったのか～」と悩まずに済むこともたくさんあります。実際、私がそうでした。

今回、今までの連載を1冊の本にまとめることができました。ここに挙げられた質問は、私が子育てしながら生じた思いと重なります。みーんな、子育てしながら人生修行中。

私の学んだことや経験が、少しでもお役に立てば幸いです。

米川祥子

もくじ

第4章 キョウダイ問題編

イラスト　ｓａｒａ／本文中の写真はイメージです。相談者とは異なります。

序章

『乳幼児期の心の発達過程』

今、お子さんはどのステージ？
心の育ちの流れを知ることが
悩み解消の第一歩

乳幼児期の心の発達過程

子どもは「5歳になったから○○ができるようになる」などという存在ではありません。

胎内に誕生してからの積み重ね（＝発達）です。

ここでは、胎内に発生してから小学校に入学する前までの子どもの「心の発達の過程」を確認します。

❶ 妊娠〜出産まで

お母さんがゆったり過ごすこと
これが一番の胎教です

お腹の中の赤ちゃんにとって、お母さんの状態が環境のすべてになる時期です。お母さんのイライラが直接お腹の赤ちゃんにピリピリ響きます。

お腹が張るのは赤ちゃんからの「ちょっとツライよ〜」のサイン。お母さんが妊娠期間中、「まあ、いいっか」と細かいことは気にせず、ゆったりと過ごすことで、お腹の中の赤ちゃんの情緒も安定します。

② 誕生〜1歳頃

この人大好き！離れていかないで〜！キーワードは〝合う〟

赤ちゃんは人の顔や声が大好き！じっと相手の目を見つめてきたり、声をかけられると身体を動かしたり。大人はその赤ちゃんからのサインに合わせることがポイントです。大人と「目が〝合う〟、声が〝合う〟、表情が〝合う〟、

気持ちが〝合う〟…」。赤ちゃんは様々な〝合う〟を体験して、安心し、相手を好きになっていきます。この時期に〝大好きな人〟を心の中に育むことが、その後の情緒安定につながります。

③ 1〜3歳頃

イヤッ！ジブンでするの！ チョー自己中な小悪魔ちゃん

大好きな人がいてこの世の中に安心すると、素直に〝自分〟を表すようになってきます。そして、大好きな人に甘えて「イヤ！」と反抗するようになります。大人からすると、「〜したい！」「〜できたよ！」という気持ちを受け止めてもらって、「ぼくってやるなぁ！」という自信を心に育むことが課題の時期です。ここで、自信を育むとだんだん我慢もできるようになってきます。

4

4～6歳頃

ボク・ワタシを見て！わかってよ～！心は大人と同じ、フクザツです

それまでは素直に気持ちを行動に表していましたが、この頃からは、「いじける」「すねる」「うそをつく」など本音を隠す行動がみられるようになります。人間としてフクザツになってくるのです。大人は子どもの表している行動だけを見て判断せず、行動の背景にある気持ちや欲求を理解しようとする姿勢が必要です。この時期は人生の中で一番「認めてほしい！」という欲求が高まっているので、「～という気持ちだったんだね」と分かってもらうと、安心し、自信や意欲が育まれます。

第1章

『乳児期編』
（0～1歳頃）

この人大好き！

離れていかないで～！

キーワードは“合う”

相談1

5カ月の男の子のママから

ずっと抱っこをしていないと眠りません。時にはずっと抱っこをしているのに泣きっぱなしで途方に暮れ「このまま手を離したら…」などと考えることもあります。

育てやすさにも差がある赤ちゃんの気質の違い

人間は性格の基となる気質を持って生まれます。この気質は人それぞれ違うのですが、アメリカの精神科医トマスとチェス夫妻は大きく分けて3つの気質があると推測しています。親から見て、「扱いやすい子」が約40%、「扱いにくい子」が約10%、「時間のかかる子」が約10%というのです。親の育て方ではなく、生まれつきの気質によって育てにくさを感じさせる子どももいるのです。

この気質の違いは親の態度に影響を与えます。なかなか泣き止まない「時間のかかる子」だと、親はイライラしてきて手荒く扱ってしまい、ますます泣かせて「時間のかかる子」になっていく…という悪循環が起こります。グズることが少ない「扱いやすい子」だったら、子育て初心者の人でも「私って子育て上手かも。赤ちゃんってかわいいわぁ」と思え、余裕をもって穏やかに子どもに関わることができるので、子どもはますます「扱いやすい子」になっていく…という良い循環が起こります。

のんびりした気持ちで上手に「あきらめ」よう

もし、お子さんが「時間のかかる子」や「扱いにくい子」であったとしても、悪循環に陥って「ますます時間のかかる子」にはしたくないですよね。悪循環を断ち切りましょう！

そのためには、ズバリ！「泣く子には上手にあきらめよう」。グズりがひどい時は

「い～よい～よ、もっと泣いていなさいよ」とあきらめモードでのんびり構えてみましょう。寝不足や空腹は人を短気にさせてしまいますので、できるだけ親御さんは休息を取ってくださいね。子どもと一緒に昼寝したり、気分転換のために甘いものを口に入れたり…。

我が子の泣き声は、親（愛着対象者）に大きな不快を感じさせるようになっているそうです。知らず知らずのうちに悪循環に陥らないように気をつけましょう。

まとめ

赤ちゃんは持って生まれた気質があります。その気質に合わせてのんびりつきあってあげましょう。泣きが続く時は上手にあきらめて「安心して泣きなさいね～」くらいの余裕をもって。

〈2009年9・10月号掲載〉

相談2

1歳半の男の子のママから

私があまり話をしないタイプなので、子どももあまり話さず、言葉を覚えていないような気がします。子どもとどんな話をしていいかわかりません。

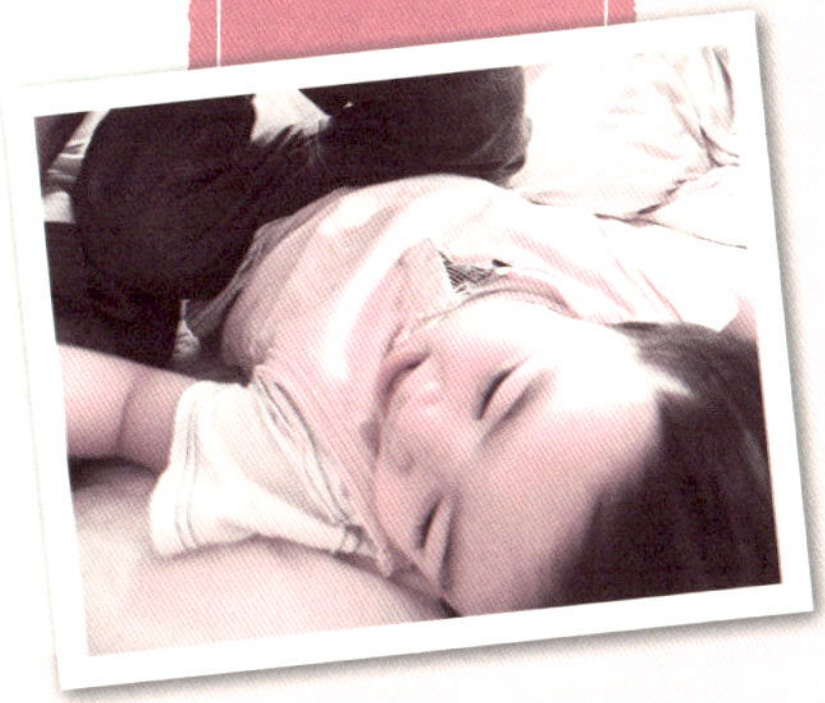

言葉を発する前段階

人間は産まれてから言葉を発するようになるまでの段階において、様々なコミュニケーションを経験します。サルと人間との比較行動を専門に研究している京都大学の正高信男氏によると、ミルクを飲んでいる時に途中休みが入る哺乳類は人間だけなんだそうです。赤ちゃんが途中ミルクを飲むことをやめてしまうと母親は揺すったり、話しかけたりしてしまいますよね。そして赤ちゃんは思い出したかのようにまたミルクを吸い始める…これは、まさに会話の始まりなのである、というのです。また、人間の赤ちゃんは産まれた直後から、人間の目そして顔というものを好んで注視する能力を持っています。ジィ～っと赤ちゃんに見つめられる経験ありますよね？見つめられるとどうですか？こちらも目線を外せなくて、ついつい話しかけてしまったりしてしまいますよね？そして、人間の赤ちゃんは話しかけられると腕を動かしたり首をかたげたりして身体で反応するのです。この反応はＴＶの音や雑音では示さず、直接自分に語りかけた人間の声に対して起こるのです。このように、人間の赤ちゃんは相手をやりとりに引き込む能力をたくさん身につけて産まれてきます。大人も赤ちゃんの誘いに上手にのってあげることで、赤ちゃんは周囲の人とのやりとりを身につけていくのです。言葉によるものだけがコミュニケーションではありません。言葉によるコミュニケーションの前に、視線や身体、感情による言葉を用いないコミュニケーションが十分に経験されて、その後言葉が出てくるのです。

言葉を発する前に重要なこと

ご質問の方のお子さんは1歳半ということ。まず、こちらからの言葉をある程度理解できているかどうか？そして、はっきりとした言葉にはならなくても「オオーっ」とか「☆×＊％＃…」などの音声を発しているかどうかを確認してください。これらの音声は〝言葉の芽〟です。人は心が動くと自然と声が出ます。言葉を発する前の乳児期（0〜1歳頃）にたくさんの心が動く（おもしろい・うれしい・いやだなど）経験をすることで言葉の芽が出て育っていきます。宇宙人語のように聞こえる音声に対して、「そうね、〇〇だよね」と察して返してあげたり、子どもの発声にオウム返しのように声を返してあげたりするだけでもいいのです。

言葉の前に他者との間で様々な心を動かす経験をすることが、言葉を用いたコミュニケーションを引き出すために重要なことなのです。

まとめ

赤ちゃんと「何を話していいかわからない」という人は結構おいでるのではないでしょうか？でも、よ〜く赤ちゃんを見てみてください。言葉以外の方法でいっぱい反応してくれていますよ。

〈2009年1・2月号掲載〉

相談3

1歳11カ月の男の子のママから

最近また指しゃぶりを始めました。
何か原因でもあるのでしょうか？

「気になるくせ」のとらえ方

お子さんの指しゃぶりはどういう時に激しいですか？親から見て気になる子どもの〝くせ〟の行動は、24時間ずっとしているわけではないでしょう？

私の娘も保育所を卒所する頃まで、爪かみがひどかったのです。娘の爪かみは、保育所の発表会や運動会といった緊張が高まる時に頻繁に表れていました。自分の好きな遊びをしていたり、おふろに入っていたりする時には爪かみは出ません。いわゆる集中していたりリラックスしていたりする時は気になる〝くせ〟は出ないのです。つまり、彼女は緊張感が高まる場面でそれに押しつぶされず自分を保つために、爪かみをしてその場を過ごしていたのです。

これは、人間の「防衛機制」と呼ばれる機能で、欲求不満などの強い緊張感（＝ストレス）を感じる時、その解決方法として無意識にはたらきます。例えば、学生時代、試験前になると勉強しなくてはならないのに、妙に机の周りが気になって片付けを始めてしまって時間がなくなったりしたことはありませんか？前の日に大失敗をしてしまって明日から仕事できない！と思うくらい落ち込んでいるのに、一晩寝たら次の日には落ち込みを忘れて仕事に行くことができたりすることありませんか？前者は、防衛機制の中の「逃避」という機能で、勉強というストレスからあなたを逃して守ってくれているのです。後者は防衛機制の中の「抑圧」という機能で、嫌な思いを意識に上らせないようにしてあなたを守ってくれているのです。このように防衛機制は人間がストレスにつぶされずにうまく生きていくための重宝な機能です。子どもの場合、防衛機制が〝くせ〟や〝こだわり〟や〝問題行動〟となって表れます。

「気になるくせ」への対処のしかた

大人から見て気になる子どもの〝くせ〟は、その子の防衛機制の表れであったりします。つい大人は子どもの表に現われている問題行動だけに注目してしまいがちになりますが、実はその背景にあるものに気付くことが解決への近道なのです。

ですから、「爪かみをやめなさい！」と言って、表に出ている〝くせ〟そのものの行動を注意して止めようとしてもなかなかやめられません。子どもにとってみれば、自分でもわからないけど（無意識で）やってしまうんですもの。それよりも大人は「なぜこの子は爪かみをしてしまうのだろう？」ということに注目しましょう。私の娘の場合は、体験の無さ・自信の無さからくる緊張感から爪かみが起こっていましたので、体験をし、自信がついてくることでそのうち爪かみもしなくなりました。

ご質問の方のお子さんの〝指しゃぶり〟は、何の背景から表れてきているのでしょうか？家族が増えるとか保育所のクラスが変わったなどの環境の変化があったのでしょうか？トイレトレーニングを始めたとかおっぱいをやめたなどのしつけの内容の変化があったのでしょうか？いずれにせよ、お子さんは指をしゃぶって懸命にストレスと闘っているのですから、今以上にストレスを高めさせないことを考えましょう。「指しゃぶりをやめなさい」と言われることは、かえってストレスを高めさせることになります。お子さんがストレスに耐えきれるように、親としては勇気や安心感を与えてあげることが有効です。

まとめ

表に現れている子どもの問題行動だけに注目せず、子どもの内面（ストレスのもと）に注目しよう。そして、ストレスのもとに対処することが問題行動を治める近道です。

〈2008年7・8月号掲載〉

第2章

『幼児期前期編』

（1～3歳頃）

イヤッ！ジブンでするの！
チョー自己中な
小悪魔ちゃん

相談4

（1〜3歳ぐらいのママから）

子どものイヤイヤ期はどのように対応すればいいのでしょう?

イヤイヤ期は喜ばしいこと

ご質問の「イヤイヤ期」とは、発達段階でいうと「幼児期前期」のことになります。年齢では、だいたい1歳後半から3歳くらいが一般的です。「いやっ! いやっ! ジブンで（する）!!」と言って我を張り、いざさせてみると思い通りにできなくて「ギャ〜〜!!」とかんしゃくを起こしたりする〝わからんチン〟の段階です。

人間の発達には段階があって、このような一見「わがままでこまったチャン」のように見える子どもの姿も、発達的にはとても真っ当な姿なのです。

0歳代はまだ「自我」という自分の芽が出る前の段階で「ちょうだい」→「どうぞ」と求められるがままになっています。ところが、1歳半ば過ぎくらいから「自我」という自分の芽が出てきて「ちょうだい」→「いやっ！（私はあなたの思い通りにはならないのっ！）」となってきます。これは、0歳代で周りの大人との関わりから「基本的信頼感」という精神的安定の土台が作られたからこそ表れてくる状態です。安心して甘えることのできる相手に自分を精一杯ぶつけてくるのです。そうやってぶつかる経験や大人の援助から「自信（ぼくってやるなぁ）」「意欲・積極性（これやってみよう）」という幼児期のテーマを体得していきます。ですから、「イヤイヤ期」が始まることは発達が次の段階に進んだという喜ばしいことなのです。

とはいっても、つきあわされる親も人間ですもの。イライラしたり疲れたりします。ついつい、「ダメッ！」「どうしてそんなことするのっ！」「ちゃんとしなさいっ！」「もう、知らないっ！」と般若のような顔で言ってしまうことも（私の実体験より…）。

イヤイヤ期の対応は…

でも、先の親が発する4つの言葉をよく見てください。怒っている感情は伝わってきますが、「じゃあどうしたらいいのか」ということは伝わってきません。まだ、人生経験2~3年という子どもは、どういう行動をとればいいのかわかっていない場合が多いので、「どうすればよい行動なのか」を教えていくことが必要になります。しかし、行動の良し悪しをわかっていたとしても、自分の感情をコントロールするだけの力も身についていないので、その力を身につけさせていくことも必要です。「感情のコントロールを身につけさせる、行動の良し悪しを教える」ことが「しつけ」になります。「ダメッ!」と押さえつけるだけが「しつけ」ではありません。「そうか、今くやしいんだね。でも、人を叩いちゃだめなんだよ。今度から『貸して』って言おうね」と根気よく教えていくことが「しつけ」なのです。

子どものかんしゃくは、まだ言葉がうまく使えず、自分で感情がはっきりつかめないので起こります。「言葉」は人間のコミュニケーションの道具でもあり、感情を整理してくれる道具でもあります。モヤモヤとしたハッキリしない感情は人間を戸惑わせますが、その感情を言葉で表わせた時、ハッキリして、スッキリします（日記で胸の内を書き出すとスッキリしませんか?）。

大人が子どもの感情を言葉で表現してみせることで、子どもは感情の整理を学んでいくのです。そうして、3歳くらいになるとグッとかんしゃくの回数は減ってきます。

まとめ

イヤイヤ期の子には、その子の言葉にできない感情をこちらが察して言葉にして伝えてあげよう。感情を言葉にすることを学んでいくと、かんしゃくの回数は減っていきます。

〈2008年3・4月号掲載〉

相談5

2歳の男の子のママから

母乳を止めて1年も経つというのに、おっぱいを触る癖のある息子に困っています。義母や義妹の胸も触っているようです。どう言い聞かせれば止めるか教えてください。

身体に興味を示すのは発達的には健全な行動

発達的な行動の現れ方としては、1～2歳になると自分や他人の身体に興味をもち、3～4歳になると性的好奇心が旺盛になり、性的遊びもみられるようになります。これらは単なる遊びです。ですから、この男の子の行動も発達的には健全ですよね。

大人からみると、たとえ幼児であろうと男の子が女性のおっぱいに興味を示す行為

は、「性」を連想させてしまい、困惑や不快感をわかせてしまいがちですが、2歳児にとって、おっぱいは性的対象・性的興奮を求めたものではありません。つまり、今の場合の「おっぱいを触る」という行為は「タオル噛み」や「指しゃぶり」と同等な行為ということになります。

行為に注目すると逆効果の場合も

「おっぱいを触る行為を止めさせたい」ということであれば、まずはどうして触りたがるのか考えてみましょう。日頃一緒にいるご家族で「行動の背景にあるこの子の思い（欲求）」を思いつく限り挙げてみて、思い当たるものがあれば、そこを変えてみてください。例えば…

・感触が心地よいから→代わりの感触の良い物を与える。
・大人の反応が大きくて面白いから→大人の反応を小さくする。
・（ママが妊娠中ということから）自分から注目が離れていきそうな空気があり、無意識のうちに注目を引きつける行為（この場合はおっぱいを触ること）をしてしまう、または、赤ちゃんの時の象徴でもあるおっぱいに執着してしまう↓本人に注目する、

…などなど。欲求を満たすことで、行為は減っていくことでしょう。強く言い聞かせることは、お子さんがその行為に罪悪感を持ってしまったり、結果的に注目を浴びることになり、うれしくて、行為を増長させることになるかもしれません。また、大人があまりにも強くその行為に注目してしまうと、子どももその行為に執着してしまう可能性があります。

さらりと流したり、おおらかに受け止めたりして、「10歳になっても続くことはないよね～」とどっしり構えてみるのも良いかもしれません。

まとめ

2歳の子がおっぱいに興味を示すのは、性的対象ではなく、発達的には健全な行動。

行為に注目するのではなく、背景にある思い（欲求）に目を向けて。

〈2013年9・10月号掲載〉

相談6

2歳の女の子のママから

夜、なかなか寝たがりません。11時まで起きていることも。9時過ぎに布団へ入れても、親が寝てしまっても、一人で起きて遊んでいることもあり、困っています。

自然のリズム、体内リズムに合わせて生活リズムを整える

私は母親になるまで、赤ちゃんはよく寝る、子どもも夜は起きていられないと思っていました。しかし、うちの娘も夜11時でも「眠くない〜！まだ遊ぶの！」と元気満々。「早寝は大切」とわかっていますから、9時過ぎに寝かしつけを始めても、「次このお話読んで」あげく「眠くないから」と一人で父のいる1階へ。「こっちはするこ

ともしないでつきあってるのに〜！」と私はイライラ…。この件については私もできていない親ですので、保健師さんにアドバイスいただきました。

・日の出日の入りという自然のリズムをふまえた生活リズムが整うと、情緒が安定し、大脳がよく働くようになる。

・成長ホルモンの分泌は午後9時から午前0時が最も多い。

・脳の神経の90％は、よい眠りによって10歳までに作られる。

・目覚めのホルモンは午前4時から上昇し7時にピークを迎える。このホルモンの働きで胃や腸が動く。

・乳幼児期から体内のホルモンの分泌に合わせた生活リズムを送ることで、自律神経がきたえられる。

早寝早起きで、賢くて心身共に強い子になるってことですね。良いことずくめです！では、早寝をさせる方法は？

早寝のためには早起き
家庭に合った時間設定を

・夜早く寝る生活リズムを作るには、無理やりにでも朝早く起こすこと。
たしかに、子どもは1時間早く寝ると1時間早く起きます。早く寝かすことだけに焦点を当てるのではなく、24時間の生活リズムで睡眠をとらえ「夜9時に寝てほしければ、朝6時には起こそう」ということです。
でも、我が家の場合は、保育園から帰宅するのが午後6〜7時、午後9時まで2時間ほどしかありません。午後9時を目標にすると「早く！」とイライラして、別の意味で子どもに悪い影響がありそう。それなら目標時間を午後10時に設定した生活リズムのほうが精神的に健康に過ごせそうです。それぞれの家庭の事情に合わせて融通を利かせることも必要になってきます。

まとめ

早寝早起きは子どもにとって良いことずくめ！夜早く寝かすポイントは朝早く起こすこと。とはいえ、家庭に合わせた無理のない生活リズムを。

〈2013年3・4月号掲載〉

相談7

3歳の男の子のママから

保育所に入所してから、夜泣きをするようになりました。昼間も私と一緒でないと行動できないことが多く、「大きな音が怖い」など不安な様子が気になります。

大人の心配が伝わると子どもの不安は増すことに

入所したては親子共々緊張しますよね。慣れるまでの時間は個人差がありますが、少なくとも1カ月くらいは落ち着かない日々が続くかもしれませんね。

さて、ご質問のお子さんについてですが、生まれつきの性格もあるでしょうし、心配症の人に囲まれた環境で育っていると、子どもも心配症になることがあります。原因

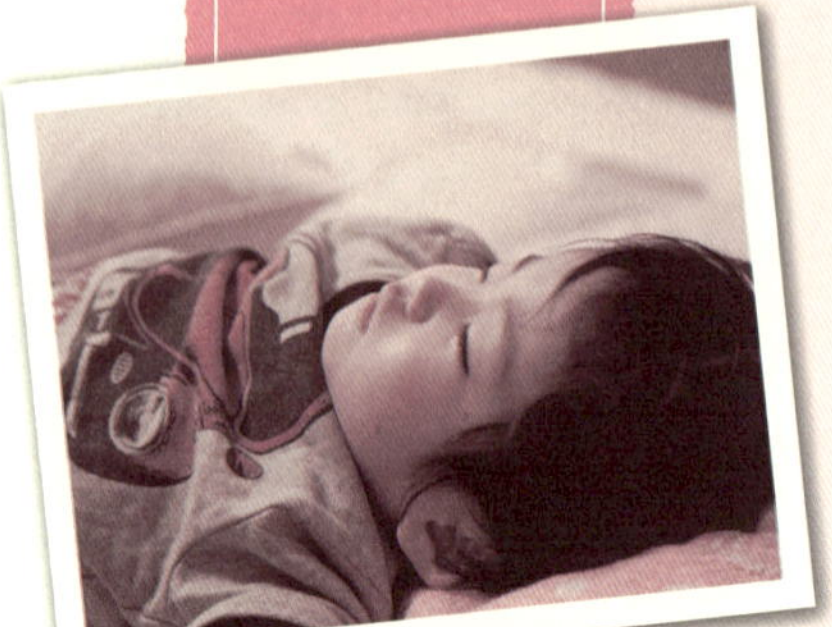

は分かりませんが、実際にこのお子さんは〝不安〟を抱えている状態にあるようです。

さて、この〝不安〟についてですが、原因ははっきりしないのだけど何となく…というものを〝不安〟といいます。ですから、お子さんに「何が不安なの？」と尋ねても、本人自身が分かっていません。さらに、「どうしたんだろう…」と大人がオロオロして心配していると、その思いが子どもに伝わってしまい、子どもも何となく不安を増していくことになります。

夜泣きは日中の不安の現れ　子どもが安心できる環境を

大人ができるこの子への援助は、〝安心させてあげること〟です。日中遊んでいるときも子どもから「ママと一緒に」と言われたら、その要求にはできるだけ応えてあげればいいと思います。一緒にいるお母さん自身がゆったり安心感を抱いていることがポイントです。「いいよ、いいよ。納得するまでくっついていなさいね〜」「初めての集団生活で疲れているのね。イライラしてもしかたないよね〜。ま、家で発散させなさ〜い」

とド〜ンと大人が構えると、子どもは安心してストレスを発散できます。そうして、子どもが心から安心・納得・満足すると、何となくの不安は消えていくでしょう。

夜泣きは、日中の不安を発散させる作用があります。夢で発散させることによって、昼間とのバランスを保つのです。日中起きているときに安心し、不安がなくなると、夜泣きもしなくなるでしょう。

まとめ

初めての入園は親も子も緊張します。大人はゆったりした気持ちで受け止め、子どもが安心してストレスを発散できる環境を作ってあげるといいでしょう。

〈2012年5・6月号掲載〉

相談8

3歳の男の子（年少組）のママから

できないことがあると、すぐにかんしゃくを起こします。一度すねるとなかなか機嫌が直りません。どのように対応したらいいですか？

現実認識に乏しくできないことにいらだつ

2〜4歳の時期は、現実認識が乏しく（生まれて3年くらいしか経っていないんですものねぇ）、自分は何ができて何ができないのかという判断がまだできません。「ママと同じようにコレをやってみたい！」と意欲的ではあるものの、現実問題として身体能力が未発達ですので、手先が不器用だったり、理屈が分からなかったりして、「な

ぜできないんだ…キィ〜!!」となりがちです。そして、心理学者ピアジェによれば、この時期は「自己中心期」で自分からの視点・考え方にとらわれていますので、他者（ママ）からの説得（他人の考え方）も理解できません。ですから、ご質問の方のお子さんの行動は、とても順当な発達の姿なのです。

気持ちを受け止め
子どもの落ち着きを待つ

さて、この発達段階の子どもを集団で預かっている保育者（幼稚園や保育所の先生）は、どのようにこの〝ツワモノ〟たちに対処しているのでしょう。以前、地域の保育士さんが保育実践研究として、年齢ごとに見られる子どもの姿とその援助のあり方をまとめてくださいました。その中からいくつかご紹介します。

①「自分の！」という気持ちを受け止め、その気持ちを認める言葉がけをする。時には自分を抑えたり、我慢ができるよう、保育士が一緒に遊んだり気分転換をさせたりして、気持ちを落ち着かせていく。

②依存と自立の間で揺れ動く気持ちを受け止め、子どもの感情を言葉に変え、気持ちの立て直しを待つ。

例えば、「これ、したかったね。でもできなくてくやしいんだよね」というふうに、まずは子どもの気持ちを受け止めるのです。自己中心期の子どもは自分の思いを理解してもらえると落ち着きます。他人から「わかってもらえた」という思いをたくさん経験していると、他人の話を聞ける大人になります。また、時には、かんしゃくを見守って（その場から離れるなどして）、自分で怒りを鎮める練習をすることも大切です。

まとめ

できないことに怒るのも子どもの発達の順当な姿。子どもの気持ちを受け止めた言葉がけをする。気持ちが落ち着くのを見守るという方法を試してみてください。

〈2011年7・8月号掲載〉

相談9

3歳の男の子のママから

スーパーへ行くと、走り回ったり勝手に商品を触ってしまったり…。そのたびに叱っているのですが、社会のルールを守れる子になるにはどうしたらいいのでしょう?

〝しつけ〟の前段階が大切 しっかり目を合わせて

幼児期は自己中心的思考段階なので、自分の興味や思いが先に立ってしまいがち。でも、人間は社会のルールを守って生活していく生き物ですから、しつけや教育が必要になります。この〝しつけ〟は、「〜したらダメよ」と厳しく叱ることではないのです。大切な〝しつけの前段階〟。このしつけの前段階は生まれた直後から始まっています。お腹から出てきてすぐに、赤ちゃんは人の目を見つめてきます。人間の子どもは人間の顔が大好き。赤ちゃんに見つめられると、目が離せなくなってしまいますよね。少し大きくなると、初めて出会ったことに対して「どうしたらいいのかな」というように、大好きな人を振り返って、目を合わせようとしてきます。こうしたときに、目を合わせてあげることが大切なのです。

安心感や信頼感を得れば ルールを守れる子に

子どもは、「ちゃんと見守ってくれている」という安心感や信頼感を得て、人の表情から「大丈夫なこと」「やってはダメなこと」を学びます。この過程は、乳幼児精神医学者のエムディという人が「ソーシャル・レファレンシング」と名付けています。大きな声で「やっちゃダメよ！」と注意されなくても、人の表情を見て、事の善し悪しを判断できる子になるのです。こうした行為を積み重ねて、その子の心の中に「良心」や「道徳心」が備わっていきます。ルールを守らなくても平気な人は、幼いときに、こうした目線や表情のやりとりが不十分だったのかもしれません。

3〜4歳になっても同じです。子どもがふとしたときにママの顔を見る──その瞬間を大切にしてください。できる限り目を合わせてあげましょう。不安なとき、うれしいとき、認めてほしいとき…子どもは大好きな人を見つめてきます。その人の微笑む表情や険しい表情から状況を判断し、理解できるようになるのです。

ただし、目を合わせると叱られることが多い場合、子どもはあなたの目を見なくなるので、ご注意を！

まとめ

子どもが振り返ったときに、目を合わせて見守ってあげることが大切。表情のやりとりを積み重ねて、「良心」や「道徳心」が備わります。

〈2011年11·12月号掲載〉

相談10

3歳の女の子のママから

娘が一人っ子のせいか、わがままで落ち着きがありません。この春から幼稚園に入るのですが、とても心配です。

集団生活は子どもが人間関係を学ぶ大切な機会

我が子が新しい環境に入っていくとき、親は「うまくやっていけるだろうか」と、とても心配になります。初めての子どもならなおさらです。私は引っ越しで上の子を2回転園させましたが、新たな保育園に入る前には、「お友達とうまく遊べるかな」、「嫌がらないで通ってくれるかな」と心配しました。加えて園の先生に「親としてどう評価されるか」が気になりましたね。「おむつがとれていないのは親がちゃんとしていないから」とか、挨拶や返事ができなかったら「しつけができていない」と思われないかなど。園に子どもを預けるとき、自分が〝親としての評価〟を受けるような気になってしまう方、多いのではないでしょうか。

初めての入園は親も子も不安なもの

人間は他者と関係を作る能力を身に付けなければ、上手く生きていけないので、子どもが家族以外の集団の中に入っていく経験はとても大切です。集団の中で他者と気持ちが合ってうれしくなったり、ぶつかって嫌な思いをしたりして、人間関係を学んでいきます。

お子さんは一人っ子とのこと。幼稚園は、家庭にはない人間関係のゴチャゴチャを体験できる貴重な場になることでしょう。しかし、初めての経験ですから、最初は、登園を嫌がったり、昼間のストレスで帰宅後イライラすることが多くなるかもしれません。そんなとき、親がオロオロすると子どもはますます不安になるので「そうかそうか疲れたね。よう頑張ったよ」とドーンと受け止めてあげられると良いと思います。家で安心できると、子どもは外に向かう勇気がわいてきます。

生まれて3〜4年の子どもが園でキチンとできなくて当たり前、キチンとしている方がコワイです。「わがままで、落ち着きがない」は視点を変えれば「自分の意思を持っていて行動力がある」という長所にも。親は、我が子の欠点に注目しがちですが、園の先生の捉え方は違うかもしれません。入園を親子が評価される機会ではなく、先生という子育ての仲間が増える機会と捉えてみませんか。

まとめ

欠点は見方を変えれば長所。園生活は人間関係を学ぶ大切な機会であり、幅広い見方をしてもらえるチャンスと捉えて、子どもの不安もドーンと受け止めましょう。

〈2012年3・4月号掲載〉

相談11

3歳の男の子のママから

保育園に通い始めて、お友達の影響か荒っぽい言葉を使うようになりました。そんな言葉を使ったときはたしなめるのですが、どんどんひどくなるような…。

言葉の響きや周囲の反応を面白がっている幼児期

幼児期は、言葉の意味は分かっていないのに響きが面白くて、その言葉を発していることが多いですね。さらに、自分の発した言葉に周りの人が反応してくれたら、ますます面白くて連発します。男の子が「チンチ～ン！」なんて言い合ってゲラゲラ笑い合っている、そして、その言葉を聞いた大人が「何言ってんのよ～もう～っ！」な

んて反応してくれたら、ますます盛り上がって連発し出すなんて、よくある光景です。「あっかんべーだ」「ば〜か」なども同様で、迫力があったり、他人が面白い反応を示したりする言葉はすぐに覚えるのでしょう。

「言葉」はコミュニケーションの道具の一つです。人と人とのコミュニケーションの中で育まれます。「こう言いなさい」「こんな言葉遣いをしなさい」と教え込まれて覚えていくものではなく、面白い、楽しい、好きだ、など心が動いて言葉を学んでいくのです。

言葉そのものではなく、その背景にある気持ちに注目してみると、お子さんは保育園に入って、お友達といることが楽しかったり、お友達に憧れたりして、その子が発している言葉を使ってみたくなったのでしょうね。

言葉遣いは家庭が基本に家族が好ましい言葉を

ただし、相手が不快になる言葉は慎むことも学んでいかなくてはなりませんよね。

うちの3歳の娘も盛んに言葉が増えています。「～してよ！」と命令口調で頼みごとを言ってくるので、私は嫌そうな顔をして「お母さんは嫌な気持ちになります。『～してください』って言ってください。〝言い方大事！〟（これが決めゼリフ）」と伝えるようにしています。

基本的には、家庭での言葉遣いが子どもに刷り込まれていきます。家族が好ましい言葉でコミュニケーションをしていれば、例え外で（今の場合は保育園）好ましくない言葉遣いを覚えてきても、そんなに気にすることはないと思います。

まとめ

言葉の基本は家庭でのコミュニケーション。家族が好ましい言葉遣いを心がけていれば、外で覚えてくる好ましくない言葉はそんなに気にしなくても大丈夫。

〈2013年1・2月号掲載〉

相談12

3歳の女の子のママから

朝、保育園に送っていくと泣いて、私から離れようとしません。笑顔でバイバイできるようになるにはどうしたら良いでしょうか？

環境が変わって緊張と不安でいっぱい

お子さんが入学・入園・進級など、新しいステージを迎える季節は服装や持ち物も新しくなり、何だかワクワクしますね。

ところが、人が最もストレスを感じるのが「環境の変化」。慣れない新しい環境は、多大なストレスのもとになります。3月に新しい環境への期待が大きければ大きいほど、緊張感も高くなり、4月に入ってグダグダになる…なんてことは、結構あり得ることなのです。

ましてや3歳のお子さんだったら、人生経験もまだ3年ほど、新しい環境（ここでは保育園）はどんな場所なのか、どんなことが待ち受けているのか分からない状態。登園してしまえば、日中は意外と楽しそうに過ごしているのに、翌朝になると園の玄関でグズグズ…。これは「今日、園で何が起こるか分からない」から不安なのではないでしょうか？

小船を見守る〝港〟のようにママはドーンと構えて

さあこんなとき、大人ができる最善の対応はといいますと、ズバリ！「安心させること」です。グズグズの我が子についついイライラしてしまいがちですが、そこは子どもより長く人生経験を積んでいる大人が子どもにつられないようにすること。安心させるためには、親自身が動揺せず余裕で構え、「疲れちゃったね」「よく頑張ったね」

と子どもの気持ちを受け止めることです。

保育園の先生にお聞きした話をご紹介します。「4月当初はどのお部屋も新しい環境でフワフワ、ザワザワ落ち着かない。でもそのお部屋に『そうやね』『〜したいんやね』などの〝受け止め言葉〟を上手に使う先生がいると6月くらいには落ち着いてくる。逆に、『ダメよ！』『お話聞いて』などの〝指示言葉〟が多い先生がいるお部屋は6月になろうが10月になろうが落ち着かない」。

1〜2カ月は長い目でみて、親は「よく頑張っとるな〜、うちの子は」とド〜ンと構えて、大海原に出た小船を守る〝港〟のような存在でいましょうね。心から安心できれば、親子共々笑顔でバイバイできるようになるでしょう。

まとめ

慣れない新しい環境がストレスになってグズグズに。1〜2カ月は長い目で見て不安と緊張でいっぱいのお子さんの気持ちを受け止め、安心させてあげましょう。

〈2013年5・6月号掲載〉

相談13

3歳の女の子のママから

パパ、ママ、祖父母、保育園の先生、それぞれに対して態度が変わる娘。将来、多重人格になるんじゃないかと心配になるときがあります。

安心感や自信を蓄え感情のコントロールを学ぶ

人生経験3～4年で、相手によって自分の態度を変えることができるなんて、ムスメさんはとても頭の良いお子さんだと思います。観察力や社会性に長けているといえます。

ただ一点気になることは、ムスメさんは「素の自分」を出せる相手がいるのかどうかということです。親、祖父母、先生…どなたでもいいのですが、誰かの前でなら気を遣わずに自分を思いっきり出せているというのであればOKです。

本来、幼児期は自己中心的な時期ですので、「思いっきり甘えることのできる相手の前でわがままを出してぶつかり、受け止めてもらって、安心感や自信を蓄え、徐々に自分で感情をコントロールすることを学んでいく」という心の発達過程が必要です。

幼児期に「いい子」は思春期に心が疲れてくる

しかし、賢い子は周りの人間の顔色を敏感に察知して、認められようと「いい子」になって、自分のわがままを出さずに過ごしていたりします。幼児期に「いい子」で自分を出さずに過ごすと、10代の思春期あたりで疲れてくるのです。無気力になったり、内なるエネルギーが行き場をなくして反社会的行動をとってみたり…。

そうならないためにも、幼児期に誰かに「〝自分〟を受け止めてもらえている」という体験が重要です。「私は分かってもらえる」「私がたとえ〝悪い子〟でいても見捨てられない」「感情のコントロールができない場面でも、受け止めて調節してもらえる」という安心感のもと、子どもは〝自分〟を作っていきます。
「ダメダメ！」ということをしがちな幼児期の子どもですが、実は「そうか、～したいんやね」「○○という気持ちなんやね」と子どもの〝ありのままの自分〟を理解してあげる対応が大切な時期なのです。このような対応を体験している子どもさんは、将来、多重人格者にはなりません。

まとめ

相手によって態度を変えられるのは観察力や社会性に長けているから。幼児期に〝自分〟を受け止めてもらえた経験があれば、多重人格にはなりません。

〈2014年7・8月号掲載〉

第3章

『幼児期後期編』
（4～6歳頃）

ボク・ワタシを見て！

わかってよ～！

心は大人と同じフクザツです

相談14

年中の男の子のママから

園で鉄棒や縄跳びなど、周りの子はできるようになっていくのに、息子は全然練習しようとしません。やる気を出させるにはどうしたらいいのでしょうか？

3歳すぎの年中時期は発達の段階に個人差も

発達段階でいうと、1～6歳くらいまでを「幼児期」といい、その幼児期の中でも3歳を境にして3歳以前を「幼児期前期」、3歳以降を「幼児期後期」といいます。

3歳を過ぎる頃になると、情緒の発達段階として、内面で生じた感情を素直に外に出さなくなってきます。本当は甘えたいのにイジけてみたり、泣きたいのにグッと我慢したり、その背景には、「他者の存在を気にすることができるようになってくる」という発達が挙げられます。1〜2歳の頃は他人の存在は気にせず自分中心ですので、甘えたければベタ〜っとくっついたり、泣きわめきたければ所構わず泣きわめいていた子も、3歳を過ぎると他人からどう見られるかが意識できるようになってきて「人に笑われてしまう」「恥ずかしい」と感じるようになり、内面と反対の行動をとるなど、複雑になってきます。

ご質問の方のお子さんも、はたして本当におっとりした性格だからやる気をみせないのでしょうか？もしかしたら、周りの子と自分を比べて「できない自分だったら恥ずかしい…」という思いから、無意識のうちにやらない方向を選んでいるのかもしれません。

はたまた逆に、発達的にゆっくりタイプで、周りの子を気にせず、自分だけできないことも気にならず、鉄棒や縄跳びには興味がなく自分のしたいことで満足している段階なのかもしれません。年中さんは発達の速度に個人差がある微妙な時期です。

成功経験の積み重ねがやる気を育てる

あなたがやる気になるときってどんなときでしょう？ 大好きな人から認められたとき「やったー！」って思いますよね。小さいことでも成功したときって「よっしゃー！」って思いますよね。そして、次の課題もやってみようって思えますよね。これは大人も子どもも同じです。

親はついつい他の子と我が子を比べてしまって、「〇男くんは上手にできるのに、なんであなたはできないの？」なんてため息混じりにつぶやいてしまったりしますが、そんな思いを子どもは敏感に感じ取ります。大好きな人からそう評価されていると知ったら、誰でも弱気になってしまってやる気なんて湧いてきません。

ご質問の方のお子さんは、鉄棒や縄跳びではやる気がないかもしれませんが、他のことでやる気があるものはありませんか？ 何かあるはずです。そのことで「うまくいった！ 認めてもらった！」という経験をすると、今まで嫌だった物事にも挑戦する勇気が湧いてきます。人は成功経験で前向きな性格に変わるそうです。今は「ぼくってやるなぁ」という気持ちを貯金する段階なのかもしれません。その貯金が貯まってくれば、少々嫌なことにも向かっていける子になるでしょう。

まとめ

お子さんには、鉄棒や縄跳び以外で何かやる気があるものがあるはずです。そのことで成功経験を積ませると、嫌なことにも挑戦する勇気が湧いてくるでしょう。

〈2010年3・4月号掲載〉

相談 15

4歳の男の子のママから

物事の切り替えが苦手な我が子。園でも自分が納得できるまで制作を止めようとせず、先生に叱られているよう。どうしたら上手に切り替えられるようになりますか？

幼児期の経験が人生の荒波に耐える力に

私はこの質問を読んだとき、「なんとすばらしい！」と思ってしまいました。このお子さんは「最後まであきらめずにやり遂げる力を持っている」「集中力がある」お子さんなのですから。

一つのことに集中して、思いっきり自分の創造（想像）の世界で楽しむことができ

る力は、幼児期の特権でもあります。幼児期にこの力を発揮できた子は、その後の人生の荒波に耐える力を身に付けます。ですから、このお子さんはとっても幼児期らしい大事な経験をしているのです。

ただ、園という集団生活を送る場面では、どうしても集団に合わせて行動することが求められてしまいますね。ましてや、年長さんに向けて、小学校に向けて…と、子どもの周りの大人も焦ってしまう傾向が最近強まっているように感じます。

「最後までやり遂げる」ことも大事。「少々自分を抑えて、周りに合わせる」ことも大事。…大きな課題ですね。

周りに合わせるためにはまず心が満たされること

幼児期は「心が満たされる」という体験が大きなポイントになります。

「ぼく、満足したよ」という体験をした子は心が満たされているので、我慢もできるようになります。満足した体験の少ない子はいつまでもフワフワ・イライラと落ち着きません。

ご質問のお子さんは、どうやら園では満足することが難しそうですね。それでしたら、お休みの日にでもおうちで思いっきり満足させてあげてください。「ああ～、面白かった！」「満足した～！」という体験をおうちでしていれば、園では少々我慢して周りに合わす余裕も出てくるでしょう。

また、見通しを与えてあげることも一つです。「○○したら、次は××するのよ」「時計の針が○になったら、○○しようね」と、その子に分かるような言い方で切り替えを手伝ってあげてみてはいかがでしょう。

まとめ

創造（想像）の世界で楽しむことは、幼児期らしい大事な体験。心が満たされれば、次第に我慢できるように。切り替えの見通しを示してあげるのも一つです。

〈2014年9·10月号掲載〉

相談16

年中の男の子のママから

息子に園での様子を聞いても「うん」「楽しかった」程度の反応しかありません。表現力や言葉はそれなりに身に付いているはずなのですが、ちょっと不安です。

物足りない子どもの返答背景にある気持ちは…？

親の目の届かない日中、集団の中で我が子がどう過ごしているんだろう…気になって、お迎えの後、「今日どうだった?」ってついついたずねてしまいますね。でも、返ってくるのが「楽しかった」の一言だけだったら、何だか物足りなさを感じて「ねえねえ、何をしたのか教えてよ～」とさらに問い詰めると、子どもはおもちゃで遊びだ

してフイっと無視されてしまう…なんていう場面、よくありませんか？

このときの、子どもの行動の背景にある気持ちを推測してみましょう。

①「なんて言っていいのか分かんないよ〜」

幼児期は言語能力が未熟な段階です。体験した記憶や気持ちはいっぱいあるのだけれど、それを言葉でどう表したらいいのか分からないのかもしれません。

②「この前も問い詰められてイヤだったから、黙っていよう」

大人からの質問の仕方がまるで警察官の尋問のようになってしまって、子どもはプレッシャーを感じ、無意識のうちに質問からの逃避行動を起こしているのかもしれません。

③「ママ、何言ってるの？（何をたずねられているのかわからない）」

子どもが理解できる言い回しで質問していないのかもしれません。子どもは正直なので、理解できないことは無視してしまいます。

親のちょっとした工夫で子もしゃべりたくなる

この世に生まれてきてまだ5年も経っていない人間に、内面の事柄を言葉にして表現させるには、大人側にちょっとした工夫が必要です。

①日頃から、言葉で表現するモデルを示す。

例えば、散歩していて「きれいなお花だね」「風が気持ちいいね」など、大人が感じたことを言葉で表現してみせましょう。この積み重ねにより、子どもは感じたことの表現の仕方を学びます。

②日頃から、子どもが話しかけてきた内容に耳を傾ける。

普段、子どもからの話には「あとでね！」なんて言って流すのに、大人からの話かけにはちゃんと答えるべき、なんてズルい。「ママはぼくの話をちゃんと聞いてくれる」という体験の積み重ねにより、子どもの話す意欲が湧いてきます。

③子どもが答えやすいような質問の仕方をする。

「どうだった？」なんていう漠然とした質問には答えにくいもの。「今日歌ったお歌を教えて」など、具体的な質問は答えやすいですね。

まとめ

言語能力が未熟な段階である幼児期の子どもに対して、大人が言葉で表現するお手本を日ごろから示していくことで、子どもは言葉での表現を学んでいきます。

〈2011年3・4月号掲載〉

相談17

4歳の女の子のママから

娘が最近うそをつくようになりました。手を洗っていないのに「洗った」と言ったり、些細なうそなのですが、この先エスカレートしていくのではないかと心配です。

自分を守るためのうそ 激しい叱責はNG

「うそをついてはいけません」。小さい頃、ほとんどの方が言われた経験があるでしょう。私の中にも「うそをつくのはいけないこと」という観念がしみ込んでいます。しかし、実際私たちは、まったくうそをつかずに生活しているでしょうか？「うそも方便」という言葉があるように、大なり小なりうそをつきながら生活しているのが現実です。今回はうその質について考えてみましょう。

2歳ごろから「ぼくがやるの！」「これは自分のなの！」という自己主張が激しくなり、大人からすればわがままに思えて、どうしても叱責が多くなります。そうすると、子どもは「叱られたくない」「見捨てられたくない」という思いが強まり、自分を守るためにうそをついてしまいます。しかし、この時期のうそは、その場の自分を守るためのもので、他人をだまそうというものではありません。この時期のうそを激しく問い詰めたり叱責したりすると、子どもは自分を守るためにますますうそを重ねます。子どもを追い詰めてしまうと、うそを複雑化させてしまう可能性があるのです。

なぜ、うそをつくのか？背景にある気持ちの理解を

幼児期のうそに対しては、「なぜうそをつかなくてはいけないのか？」という行動の背景にある気持ちに気づいてあげることが大切です。あまりにもうそばかりつく場合は、「うそをつかないと真の自分を認めてもらえない」と思い込んでいる子どもの〝心

のSOSサイン〟かもしれません。そんな時には、「〇〇したかったの？」と安心させて正直に〇〇したかったって言えばいいんだよ」と教えてあげればいいでしょう。また、かわいいうそには、「おお～、うそをつけるくらい知恵がついたのね」と受け取り、かけあいを楽しむくらいの余裕をもってもいいかもしれません。

まとめ

幼児期のうそは賢くなったという成長の証という面も。「うそをつかなくても、正直なあなたのままでいいんだよ」とゆったりと教えてあげることが真のしつけといえます。

〈2010年9・10月号掲載〉

相談 18

4歳の女の子のママから

園に通う娘の寝起きが悪くて困っています。朝なかなか起きないので、起こすと機嫌が悪くなります。何か良い方法はありませんか？

キーワードは、睡眠時間、楽しみ、そして親の余裕

ある朝の我が家、3歳の娘と。「ほらもうお着替えするよ」「イヤッ！」「自分で着替えられたよね。かっこいいところまた見せて」「イヤッ！保育所行きたくない！」「誰もいない家に一人でおれんやろ。ほら！着替えて行くよ！」「イヤッ！」「もう知らん！お母ちゃんはお仕事行きます！」「いやぁ～～（泣）。抱っこしてぇ～～」大泣き

の娘をやっと着替えさせ、何とか保育所へ。ところが前日は「自分で着替える！」と張り切り、先生に見せると言ってお気に入りの人形を持ってスムーズに出かけました。

この違いには何があるのか！

娘の場合、朝スッキリ目覚めると、スムーズに保育所へ行くことができます。無理に起こされたり目覚めが悪かったりすると、グズグズ。夜、早く寝付くと早く起きます。要因の一つは「睡眠」でしょうね。

こんなこともあります。ディズニーランドへ行くという朝は、早くてもパチッと目覚めました。要因の二つ目は、その後の出来事が「楽しみ」だったり「好きなこと」だったりすること。

要因の三つ目は「親側の気持ちのゆとり」。朝、私自身が時間に余裕がなく、仕事に遅刻しそうになると、カッとなってヒステリックに「早く！」と叫んでしまいます。そうなると娘もますます「イヤッ！」となって悪循環。

始めやすいのは親が時間と気持ちをコントロールすること

まとめると、朝、子どもが気持よく準備できるためには、①睡眠時間をちゃんと整えること、②行き先（今の場合は保育園）が子どもにとって安心かつ好ましい場所であること、③親が時間と気持ちに余裕を持つこと、になります。この中で実行しやすいことから始められるとよろしいのでは。ちなみに、①と②は我が子や保育園という他者をどうにかすることになりますので困難度高し。③は自分がどうにかすればできることです。一番実行しやすいのではないでしょうか。「わかっているけど…」という声が聞こえてきそう。かく言う私もその一人。「できる日もあれば、できない日もある。まあ仕方がない」。こう思うことも、気持ちのゆとりにつながりますよ（言い訳かな？）。

まとめ

親が時間と気持ちに余裕を持つことから始めてみませんか。子どもは目覚めが良く楽しいことが待っていれば、機嫌よく準備してくれますよ。

〈2012年11・12月号掲載〉

相談19

4歳の女の子のママから

娘が、夜中に急に何かにおびえ寝言を言ったりうなされたりするようになりました。私の怒り方が娘の心の傷になってしまわないか心配です。

フロイトが分析する「夢」について

小さな子どもから大人まで、睡眠中にみる「夢」。夢についてはフロイトという心理学者の分析が有名です。フロイトは、夢は「無意識的に抑圧している内容が睡眠によって抑圧の低下が起こり、無意識の内容が意識に混ざって作られる」と解釈しています。「抑圧」というのは、意識にのぼってこないように心の奥底に抑え込んでおこうとする機能です。つまり、その人が無意識的に抑え込んでいる願望や欲求が眠りの中で浮かび上がってくるのが「夢」であるというのです。この解釈がすべてではありませんが、私たちは現実生活では満たすことのできない欲求があり、夢をみて泣いたり笑ったりすることで紛らわし、精神のバランスをとろうとしているのかもしれません。子どもの夜泣きや寝言も、抑圧している内容を表現しているのだと捉えると、「ひどく怒られた夜に娘がうなされている」というご質問のママの予想も当たっているのかもしれません。

子どものサインに気づくうちは大丈夫

お子さんは寝ながら「ママ、怒りすぎだよ。怖いよ」というサインを出しているのでしょう。そして、ママはちゃんとそのサインに気づいてあげています。心の傷にならないかと心配されていますが、きっと大丈夫です。今の段階でお子さんのサインに気づいてあげることができたのですから。子どものサインに気づいてあげることができず、同じような怒り方で恐怖を与え続けると、大人になっても消えない心の傷になってしまいます。そうならないために、日中、お子さんが起きているときに言葉なり態度なりで安心させてあげてください。「ママは私のことが大好きなんだ」という確信を持っている子は、少々ママから怒られたってくじけることはないでしょう。

あなた自身も甘えられていますか？

また、これは私の経験からの推測ですが、「ママがヒステリックに怒ってしまう」背景には、ママ自身、心にゆとりをなくしてしまっている状況がありはしませんか？子育てに一所懸命だったり、困ったときに手を貸してくれる子育て協力者がいなかったりすると、どうしてもイライラ度は増してしまいます。ママ自身が他の人に甘えることができていますか？パパが忙しかったり、実家に頼れなかったりする厳しい状況があることも少なくありません。誰でも一人きりで子育てを続けることは大変なことです。「話す」だけでも気持ちが「放（はな）」たれます。地域の保健センターの保健師さんや子育て支援センターの保育士さんなどと子育てについて雑談するだけでも心が軽くなるかもしれません。ママの気持ちにゆとりができると、子どもに対するイライラ度も減ってきます。まずは、あなた自身を甘えさせてあげてくださいね。

まとめ

日中、お子さんが起きているときに、言葉や態度で安心させてあげてください。ママ自身も誰かに甘えることで心にゆとりをもってくださいね。

〈2009年11·12月号掲載〉

相談20

5歳の女の子のママから

プレッシャーに弱く人見知りもするので、あいさつが苦手です。お友達の家で遊んでも、帰るときに「ありがとう」が言えません。これから小学生なのに心配です。

幼児期後期（4～6歳頃）の複雑な発達段階

発達心理学的に捉えると、ご質問の方の娘さんは幼児期後期という発達段階になります。お乳を飲んでいる乳児期（誕生～1歳頃）に周りの人間から大切にされる体験を積み、「人っていいな。この人大好き！自分は大切にされる価値のある人間だ」という感覚を刷り込みます。この感覚は「基本的信頼感」といい、人が一生を精神的に安定して過ごしていくための土台になります。その基本的信頼感を基に幼児期前期（1〜3歳頃）には、「自我」という自分の芽をムクムクと出してきて信頼している人に対して自己主張をし始めます。いわゆる「イヤイヤ期」です。

自己主張しながら周りの人に認められたり制限されたりする中で、「自分でできた！自分ってやるなぁ！」という「自信」を獲得することが課題になっています。この幼児期前期までは素直に自分の内面に起こっている感情を外面に表現してきますが、幼児期後期（4〜6歳頃）になってくると、「恥」「誇り」「罪悪感」といった高度な情緒が芽生えてきて、内面を素直に外に出さなくなってきます。人として複雑になってくるのです。このような順序性で子どもは発達していきますので、ご質問の方の娘さんも「恥ずかしい」とか「自分が相手からどう見られているのか」など、相手のことを気にしてあいさつができないといった複雑な発達段階であり、とても順調な成長をなさっているといえます。

あいさつを強要せず親御さんがお手本を

とはいえ、あいさつは人間関係を広げるための基本。親としてのしつけの一環。放っておくわけにはいきません。しかし、恥ずかしがっている我が子にただ「あいさつをちゃんとしなさい！」と強要しても恥ずかしさを強化させるだけでしょうし、「あなたはあいさつもできない情けない子ねぇ」なんてグチると「私は情けない子なんだ」という自己評価を刷り込むことになり、ますます自信のないあいさつできない子になっていく…なんてことになりかねません。元気よくあいさつできるためには「自信を持つ子」になることです。「あいさつができる・できない」だけはでなく、生活全般の中で達成感や認められる経験を積むことで自信がついてきます。

私が一つ気になったのは、ご質問の方の娘さんへの評価です。娘さんの性格を「プレッシャーに弱く人見知りもする〜」とどちらかというとマイナスな評価を書かれていますが、物事は捉えよう。「慎重で奥ゆかしく、観察タイプで学習能力が高い」なんてふうにプラス面としても捉えてみてはいかがでしょう。幼児期は外部からの評価をそのまま自己評価に取り込んでいきます。親が子どもをマイナス評価でしか捉えていなかったら、子どもは自信のつけようがありません。まずは親御さんがわが子をプラスに捉える努力をしてみてください。そして、あいさつに関しては、今の段階では娘さんにあいさつを強要せず、代わりに親御さんが周りの人に対してステキなあいさつ行動をして、娘さんに見せてあげてください。きっと、娘さんは親御さんをモデルにしてステキなあいさつを学んでいくでしょう。

まとめ

恥ずかしがるのも発達段階の一つの過程。子どもさんをプラス面で捉えて、達成感や認められる経験を積ませることで自信をつけさせてあげてください。

〈2009年5・6月号掲載〉

相談21

5歳の男の子のママから

このごろ、叱るとすぐにすねてしまい、素直に謝らないのですが、そういうときはどうしたらいいのかと困ってしまいます。素直になってほしいです。

すねたり、いじけたりは5歳児なら順当な発達過程

1歳後半くらいから「イヤッ!」「ジブンで!」という言葉に代表される〝第一次反抗期〟が始まります。これは自己主張の表れであり、喜ばしい発達の一過程です。

年齢を経るごとに自己主張の仕方も変わってきて、3歳くらいまでは、イヤなときは駄々をこねて叫ぶなど、内面に起こった感情を素直に態度で表わしますが、3歳を過ぎる頃になると、すねたり、うそをついたりして、内面に起こった感情を素直に外面には出さなくなってきます。人として高度になってくるのです。

このお子さんの行動も発達的にはとても順当です。では実際すねられたとき、どう対応すればいいのか考えていきましょう。

今朝の我が家の光景です。私が2階で身支度を整えて階段を下りてくると、4歳の娘が「なんで来るのよっ！」とふくれっ面で仁王立ち。私が下りてくる前に自分で着替えて驚かせたかったのに、まだ靴下を履いていない状況で私が下りてきたので、「もう保育所行かんっ！」となったようです。

ここで、私に余裕がなかったら「何言ってるの！早く行くよっ！」と般若顔で怒っているところです。そうしたら、ますます娘はグダグダになっていくことでしょう。しかし、今朝は私に余裕がありました。「そうか、お母ちゃんより先に着替えたかってんな。お母ちゃんはまだ靴下履いとらんよ。どっちが早いかな？」と、娘の気持ちに沿う言葉がけができました。娘は気まずそうでしたが靴下を自分で履いて、保育所へ向けて出発できたのでした〜。

きつく言い聞かせるより思いを満たしてあげること

素直になるには、「自分のことを分かってもらえた」という安心感や満足感が必要です。大人が「謝りなさい！」ときつく言い聞かさなくても、子ども自身が「分かってもらえた」と納得できたら、自分から謝ったり、正しい行動をしたりしてきます。

幼児期は特に「分かってほしい」という欲求が強い時期なので、すねている理由が予想できたら、「～したかったんやね」と言葉にして伝えてみてください。

幼児期に分かってもらえた体験を多くした子は、将来他人の気持ちを分かってあげられる子になるそうです。

まとめ

叱られてすねるのは、発達期には順当。分かってほしい欲求が強い時期なので、思いを分かってあげれば、正しい行動がとれるようになってきますよ。

〈2013年11・12月号掲載〉

相談22

5歳の女の子のママから

自分から「やりたい」と始めた習い事を半年も経たずに「楽しくないしもうやめたい」と言い出しました。無理に続けさせるのもよくないかとも思い、迷っています。

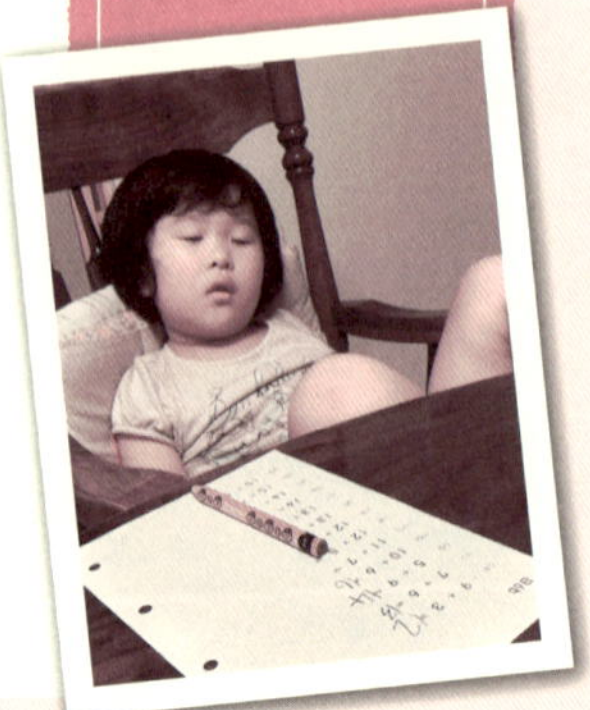

習い事を続けるには興味や向上心が必要

う〜ん、私も今抱えているモンダイです。長女（小6）が年長から始めたピアノをここ数年やめたがっているのです。これまでは先生のおかげで何とか続けてきましたが、練習しないので上達しない→上達しないから面白くない→面白くないからやめたいという状況です。「練習しなさい」と言うと余計イヤになるかな？でも娘が将来、保育士や教員を目指そうと思ったときピアノは弾けないと…（迷）。

　親としては、子ども自身が「やりたい！面白い！」と意欲的に取り組んでほしいですよね。子どもが自分の中にある興味や関心、向上心などから行動を起こすことを〝内発的動機づけ〟といいます。一方、「おこづかいをもらえるから頑張る」とか「罰が怖いから頑張る」というのは〝外発的動機づけ〟と言います。この場合「おこづかい」や「罰」がなくなったら、行動が消えていってしまいます。意欲的な子どもを育むには〝内発的動機づけ〟が必要です。

努力を喜んであげれば意欲が湧き自信を持つ

　ポイントは、子ども自身が「私（ぼく）ってやるなぁ」と自信を持つことです。すると意欲が湧いてきます。この〝自信〟は、「大好きな人が見守ってくれている、認めてくれる」という安心感・信頼感から育まれます。振り返ると、私は娘に「こんな簡単な曲なのに…」と言ってばかりでした。「練習しないからや！」と思うと、どうしても作り笑顔になってしまうので、「わあ、弾けたね」とはあまり言わなかったかもしれません。

「自分ってダメだ…」という思いを募らせていっては、習い事を続ける意味がありません。親も子も目標が高すぎると現段階に納得できず、落ち込んでしまいます。少し頑張ればできるような目標に切り替えて、達成感を得やすくすること。努力の過程や自分から取り組んでみようという気持ちを一緒に喜んであげること。重要なのは、その子に〝自信〟が育まれるかどうかです。それでも高学年になると手ごわくなります。対応するなら、お早めに（9歳くらいまでかな!?）。

まとめ

意欲的に取り組む原動力は〝自信〟。小さな目標から始めて、努力の過程や進んで取り組む気持ちを喜んであげることで子どもの意欲も湧いてくるでしょう。

〈2012年7・8月号掲載〉

相談23

5歳の男の子のママから

最近ゲームをほしがるようになりました。何となく買い与えるには早いような気もして迷っています。

幼児期はゲームよりも人と直接関わってほしい

ゲームをすることによる脳への影響についての研究は、賛否両論あり、実証性はまだ低いようです。ですから、「発達に良い・悪い」というお答えはできません。今回は、私の個人的考えの強いものになりますので、ご了承ください。

私の上の娘も、小学校に上がる頃ゲームをほしがりました。同級生では、年中組ぐらいで持ち出す子もいて、「みんな持ってるから、買って～！」と常とう句を言って。ねだられると買ってやった方が楽なのですが、私はそのとき買い与えませんでした。

理由は4点です。

①幼児期（1～6歳頃）は認知の発達段階として、現実（ノン・バーチャル）と非現実（バーチャル）の区別がつかない。例えば、自分は将来ウルトラマンになれると思っているなど。その段階でゲーム（非現実世界）に没頭すると、現実と混乱してしまうのではないか。

②幼児期から児童期（1～10歳頃）は、人との関わり合いの中から〝人間関係〟を学ぶ時期。直接人と関わることが大事な時期にゲームに興味を奪われ、相手の顔を見るよりもゲーム、お友達との会話もゲームのこと中心なんてもったいない！

③幼児期は人生のなかで最も創造性の高い時期。子どもらしい創造性の世界で遊んでほしい。

④幼児期は欲求の自己コントロールが難しい段階。そんな子どもに「1日30分だけね」などのルールを守らせることは難題である。コントロールができるようになる10歳過ぎまで持たせないでおこう。

自己コントロールができる10歳を過ぎてからでも

これらの理由を娘には、「小さい頃からゲームしてたら、頭が痛くなっちゃうかもよ。だからおネエちゃんになったらね」とか、「今はゲームよりもお友達と遊んでほしいな」とか…、伝えるのに苦慮しました。娘からは「10歳になったら考えてくれるんだよね！」と念押しし続けられ、10歳の誕生日に、もう大丈夫かなと思えたので買い与えました。最初こそ感激していましたが、3カ月もすると「多々あるおもちゃの一つ」になり、そこら辺に放りっぱなしになっています。

まとめ

幼児期は〝人〟を学ぶ大事な時期。嗜好性の高いゲームを与えて人と関わる経験が少なくなることはもったいないと思います。

〈2012年1・2月号掲載〉

相談24

小2男の子・年長女の子のママから

お兄ちゃんがいるせいか園でも男の子とばかり遊んでいるようで困っています。このまま女の子同士の付き合い方が分からなくなったらどうしようと心配です。

性役割期待から生じる心理的性差

人間は身体的に男か女どちらかで誕生します。この身体的性差のほかに、〝男らしさ〟〝女らしさ〟という心理面でも性差がみられます。心理的性差は「男はこうあってほしい」「女はこうあってほしい」という社会的な性役割期待が生じさせるのです。社会的性役割期待は誕生直後からいろいろな形で子どもに伝達されていきます。例えば、私が出産した医院では、新生児室に並んでいる赤ちゃんに掛ける毛布は男の子は水色、女の子はピンク色でした。新生児室をのぞいた人は疑いもなく「顔つきは男の子っぽいけど、ピンクの毛布だから女の子なんだな」と判断します。日本では青系＝男の子、ピンク系＝女の子になっているんですね。

「女の子産んだよ」と報告すると、お祝いは自然とぬいぐるみやフリルヒラヒラのお洋服が届きます。生まれた女の子は意識する頃からぬいぐるみやピンク色に囲まれた環境になります。「女の子なんだからスカートはかせなくちゃ！」とお母さんがスカートばかりはかせていると、その子はスカートをはくことが当たり前になります。おしゃべりが上手になってきて「バ～カ！」なんて憎まれ口をたたくようになったら、男の子だったら「ま、きかん気があるくらいがいいか」と許すのに、女の子だったら「そんな言葉を使ってはいけません！」と叱ったり。そんな環境の中で子どもは「私は女なんだからこうすることが当たり前なんだ」「ぼくは男だから男らしくしなくちゃ」などと性役割期待を知らず知らずのうちに身に付けていくのです。

そして、自分が身に付けた性役割期待の強弱をそのまま自分の子育てに反映していきます。性役割期待の強い家庭で育った人は娘が男のような態度をとると許せませんし、性役割期待の弱い家庭で育った人は娘が男っぽくても何も気にならない…なんてことが起こります。

今は性を理解する発達段階 小3の頃まで様子をみては

発達的には「自分が男（女）である」と自認できるようになるのは3歳前後、「男（女）は男（女）であり続け、母（父）にはなれない」という性の安定性、そして「ネクタイをつけても女である」という表面的な格好や行動で性は変わらないという性の恒常性を理解するようになるのは4～6歳前後、といわれています。

ご質問の方の娘さんは、年長さんということですから、年齢は5～6歳。「私は女だ」という性自認はされていることでしょう。ただし、小2のお兄ちゃんのことが大好きで憧れているのであれば、お兄ちゃんのマネをしたくなりますね。ちょっと上の人がやっていることって、やりたいものですものね。この先、通称〝ギャングエイジ〟と呼ばれる小3～4年生の頃には同年代の同性と好んで繋がる時期がありま す。その頃まで様子をみられてもいいと思いますよ。

まとめ

少し上のお兄ちゃんのマネをしたくて男の子の遊びに興じているのかもしれません。小学校に上ると積極的に女の子同士で遊ぶ時期があるので、あまり心配しなくてもよいのではないでしょうか。

〈2009年3・4月号掲載〉

相談25

3月生まれの年中の女の子のママから

4月から年長児と合同のクラスに。園へは喜んで行くのですが、保育参観などでは、親が一緒でないと活動に参加したがりません。小学校へ行けるか心配です。

参加したがらないのも心の成長段階の一つ

3月生まれの年中さんということは、4月生まれの年長さんと2年くらいの差があるということになりますよね。

幼児期の2年差となりますと、発達に相当違いがあります。その子たちが同じクラスで過ごすという環境は、下の年齢の子にとって、とっても刺激的でしょうね。ちょっと上のお兄ちゃん・お姉ちゃんがすることをワクワクして見ているのでしょう。

しかし、行事になると参加したがらないとのこと。これは幼児期後期ならではの心理が働いているように思います。

幼児期前期（1〜3歳頃）までは、内面に起こった感情を素直に外面に表します。人前であろうとなかろうと、泣きたかったら泣くし、怒ったら駄々をこねます。

ところが3歳を超える幼児期後期（4〜6歳頃）になりますと、内面に起こった感情を素直に外面には表さなくなります。自分がどう見られるのか気になり出し、自分を守るためにイジけたり、ふざけたり、うそをついたり…。人として高度になるのです。

受け止めてあげていれば自信が持てるように

お子さんは、「年長さんと比べてできていないし、それを大勢に見られるのは恥ずかしい」と感じる段階に成長されているということではないかな？

それでは、「年長さんみたいにできなくてもいいんだよ。恥ずかしがらなくてもいいんだよ」ということを分かってもらうためにはどうしたらいいでしょう？

言葉で伝えても行動はなかなか直りそうにありません。

キーワードは「安心感」だと思います。おうちで、クラスで、「私は認められている。失敗したって守ってもらえる」という絶対的な安心感を得ること。

ご質問のママは、参加しない娘さんに「しょうがないなぁ（笑）」と笑って対応されているそうで、とっても素敵です。そんな感じで受け止めて過ごしておいでれば、来年年長さんになり、力をつけてきて、今のような心配はなくなると思いますよ。

まとめ

幼児期後期は人からどう見られるかが気になりだす時期。今しっかり受け止めてお子さんが「安心感」を得られれば、年長さんになるころには力がついてきます。

〈2014年11･12月号掲載〉

相談26

年長の女の子のママから

園で仲良しの子同士のグループができ、仲間はずれにされたり、からかわれたりすることがあるようです。そんな話を娘から聞いたとき、どうしたらいいでしょうか。

幼児期の人間関係は大人とは違う発達段階

人間関係は大人の世界でも難しさを感じる永遠のテーマですから、わが子が「仲間はずれにされた」とか「悪口言われた」とか言ってくると、ドキッとしてこちらも胸が苦しくなりますよね。

しかし、幼児期と大人とでは人間関係の発達段階が違いますので、口をはさむ前に、まずは一呼吸おきましょう。

大人の場合は一度関係が悪くなると〝根に持って〟しまってなかなか修復が難しいですが、幼児期は〝根に持たない〟発達段階なので、昨日は「嫌い！」が翌日には「大好き！」になっていたりします。

この〝根に持たない〟発達段階のうちに、思い通りにいかない様々な人間関係を体験して、他者との距離の取り方や相手や自分の気持ちの理解などを学習することが大切なのです。

ですから、娘さんは人間関係のこなし方の大事な学習を体験している最中といったところでしょうか。

「ママはいつも味方だよ」港のような存在で安心感を

さて、そんな段階だと理解した上で娘さんへの対応になります。まずは〝安心感〟を与えてあげましょう。究極は「世の中の人間すべてがあなたの敵になったとしても、私だけはあなたの味方だよ」の発想とでも言いましょうか。人は誰かに分かってもらえると安心しますし、勇気も湧いてきます。

娘さんが訴えてきたことに対して「そんなことされたら嫌やよね」と分かってあげて、「ママはあなたの○○なところいいと思うな」など娘さんの人間性でいいところを伝えてあげてください。

〝家族が自分を分かっていてくれている〟、〝味方でいてくれている〟という安心感が、外の人間関係というややこしい体験に向かっていく勇気を与えてくれます。

自己中心期である幼児期ですので、傷つけあうのはお互い様。

この傷つけあいを体験しながら相手の気持ちを理解し、距離の取り方を学びます。

まとめ

〝根に持たない〟幼児期に人間関係を学んでおくことは大切な経験。親は子どもの傷ついた心を受け止め、癒す港のような存在でありたいですね。

〈2015年1・2月号掲載〉

相談27

6歳の女の子のママから

毎朝「園に行きたくない」と泣いたり、おなかが痛いと言ったりするように。来春には1年生になるので、今は休ませて一緒にいてあげたほうがいいでしょうか？

今は意欲を失っている状態
まずは自信を持てるように

親ならば、子どもには元気よく「楽しい！」と言って意欲的に幼稚園・保育園に通ってほしいものですよね。しかし、このお子さんは「園に通いたい」という意欲を失っている状態です。だからといって、「意欲を持つのよ！」と背中を押しても、意欲は湧かず、かえって、腹痛や頭痛など身体にストレスのサインが出てきてしまいかねません。

〝意欲〟を湧かせるためには、前段階が必要です。それは、〝自信〟を持っていること。「わたし（ぼく）ってすごいでしょ」という自信です。自信があれば自然に意欲が湧いてきます。また、この自信を持っていれば、少々のストレス状態にも耐えることができます。

でも、「自信を持ちなさい！」と言い聞かせても自信はつきません。〝自信〟を持たせるためには、またまた前段階が必要です。それは、〝安心感・信頼感〟を培っていること。「ぼくには居場所がある」「わたしはこの人に大切な存在と認められている」「ここは（この人は）ホッとする」といった感覚です。絶対的な安心感や信頼感を培っている人は、自信も湧いてきます。

感受性が強い子ほど安心感・信頼感がカギに

今回のキーワードはこの「安心感・信頼感」です。

このお子さんは、もしかしたら、知らず知らずのうちに園やご家庭の「来春から小学校だから」という空気に、プレッシャーを感じているのかもしれません。もしかしたら、〝安心感〟を得ておらず、不安や恐れの状態におちいっているのかも？もちろん、親御さんは目いっぱい愛情をかけておいでることだと思います。でも、感受性の強いお子さんほど、勝手に不安感を増していってしまうのです。

自分の思いを言葉で伝える力のあるお子さんです。「あなたのことが大切やよ」「大丈夫やよ」と心から安心感を与えられれば、高い力を発揮するお子さんになられると思います。

今は彼女にとっての「安心」を十分に体感させることが大切な時期です。そのことを最優先に対応を選ばれるとよいでしょう。

まとめ

無理に背中を押しても意欲は湧きません。まずは安心感・信頼感を十分に体感させて自信を持てるようにしてあげましょう。自信がつけば、きっと意欲も湧いてきます。

〈2014年1・2月号掲載〉

第4章

『キョウダイ問題編』

ボクはボク
「キョウダイ一緒」じゃ
ないからね！

相談28

2人のお子さんのママから

上の子が下の子をいじめるので、私は怒ってばかり。上の子をかわいがりたくてもなかなかできないので困っています。

なぜ、上の子は下の子をいじめるのか？

上の子としては、今まで一人だったときは「はいはい」と自分のことを最優先にしてもらえたのに、下の子ができたとたん、自分が我慢しなくてはならなくなった…イライラが募って「コイツのせいだ！」とコツンっ！とやりたくなる。私自身が長子ですので、上の子の気持ちを自分と重ねて、こんなふうに想像します。

ここで、「ストレスの法則」をご紹介します。これは「ストレスは強き立場の者から弱き立場の者に流れる」という心理現象です。人間誰しもが、自分のイライラ（ストレス）を意識できずにいると、知らず知らずのうち自分よりも立場が弱かったり、甘えたりできる人にそのイライラを流してしまうのです。学校のイジメや恋人同士の八つ当たりなんて、そのいい例でしょう。家庭の中でも、この法則は当てはまります。大抵、立場としては①親（父または母）→②上の子→③下の子となるでしょう。上の子が親への不満や甘えを直接親に向けて発信できれば、下の子は被害を受けることもないでしょうが、我慢していい子であろうとして親に訴えることができなかったり欲求不満だったりの場合は、下の子にイライラを流してしまいます。下の子をいじめることを親に叱られますとますます上の子のストレスは増し、ますます下の子をいじめる…という悪循環になってしまう場合も…。

上の子だけと関わる時間を1日5分だけでも作る

上の子は自分だけをかわいがってほしいという欲求でいっぱいでしょう。上の子のその気持ちが満たされれば、ストレスを下の子に流さなくなっていきます。ただし、なかなかその機会がもてない、とのこと。

そこで一つ、提案です。兄弟二人一緒に過ごしているときはなかなか上の子だけを甘えさせる、なんてことはできませんよね。24時間のうちで、上の子だけと関わる時間を5分でもいいですから作ることはできませんか?下の子が寝ている時間とか、下の子が誰かとお風呂に入っている時間とか。そのときを、思いっきり上の子と1対1で過ごすラブラブ時間にするのです。「お兄ちゃんはかわいいよ～」とか「大好きだよ～」とか言って(大げさすぎてもかまいません。女優になったつもりで…)、日ごろ上のお子さんが欲していそうな甘えを満たしてあげてみてください。

2～6歳の子どもは承認の欲求が一番強くなるといわれています。「お兄ちゃんのこと大好きだよ」という一言が「ぼくのこと認めて!」という欲求を満たす大きな糧になります。量（時間）より質です。この方法を1週間チャレンジしてみて、上の子に何か変化があるか試してみませんか？

まとめ

上の子の欲求不満を理解して短い時間でも甘えを満たしてあげてください。ママと二人だけの中身の濃い時間が大切なのです。

〈2008年11・12月号掲載〉

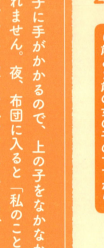

相談29

6歳と2歳の女の子のママから

まだ下の子に手がかかるので、上の子をなかなかかまってあげられません。夜、布団に入ると「私のこと好き？」と言う長女。やはり寂しい思いをしているのでしょうか？

9つ差のわが家でも同じ問題が起きて…

今回のご質問の内容は10歳（小4）の長女と1歳半の次女がいるわが家でも、今まさに起きています…。「9つも年上なんだから、お姉ちゃんとしてしっかり自立してくれるでしょう」なんて思っていたのに、「〇〇（次女）ばっかり！どうせ私なんてかわいくないいんでしょ！」とイジけてみたり、「今日は〇〇の相手せんといて」と甘えてきたり。いくつ離れていてもあんまり関係ないのでしょうか？

母である私としましても、1歳の次女には赤ちゃん言葉を使って相手をすることができても、すでに体つきも私と変わらなくなってきている10歳の長女に対しては、同じように「かわいい、かわいい、ギュ～！」なんてできません。その気配を察して、長女は「フンッ、どうせ私のことかわいくないんでしょ！」とまたまたすねてしまいます。「あなたの小さいときの方が、もっと大事にしてたんだよ」なんて言ってみても効果なし。「そんなん覚えとらんもんっ！」。

10歳過ぎで手ごわい子ども「承認」の欲求高まる時期

子どもは10歳を過ぎると手ごわくなってきます。やがて思春期真っ盛りになると、もっと歪んだ形で欲求不満を表すようになるでしょう。いわゆる「非行」「反抗」です。そうなる前、まだ素直に「甘えたいんだ」とサインをくれているうちに、その欲求をできるだけ満たしてやる方が簡単ですよね。わが家の例でいうと下の子が寝てしまった後、学校でのたわいもない話をじっくり聞いてあげた次の朝、長女はとっても素直でした。私と一緒にゲームを楽しんだ後は、妹にとても優しく接していました。長女は妹と同じように抱っこをしてほしいわけではなく、自分と向き合って相手をしてもらいたいのです。幼児期は特にこの「承認の欲求」が高まる時期でもあります。

「自分だけを見てほしい」子どもと向き合う時間を

親としては、きょうだい一緒にかわいがろうと思っていても、子どもにしてみれば「一緒はイヤ」なのです。自分だけを見てほしいのです。特に上の子は今まで自分だけをかまってもらえていたときから状況が一変するのですから、「見捨てられ感」さえ持ってしまいがちです。1週間に1回でもいいので、意識して「その子とだけの時間」を持つことが得策のようです。…と分かっていても、長女をすねさせてしまう私。気持ちに余裕がないとできません。「親が気持ちに余裕を持つ」。とても大きな課題ですよねぇ。お互い頑張りましょう。

まとめ

子どもは「自分だけを見てほしい」という気持ちが強いので、できればその子とだけの時間を持つこと。気持ちに余裕があれば、ぜひ心がけてあげてください。

〈2011年1・2月号掲載〉

相談 30

5歳と3歳の男の子のママから

兄弟ゲンカのとき、すぐに「兄ちゃんなんてキライやし！」「オレもキライやし！」となっていきます。このまま本当に嫌いという感情ばかりが残ってしまうのではないかと心配です。

激しくぶつかり合っても根にもたない幼児期

幼児期〜学童期（1〜10歳頃）にかけては、他人とのぶつかり合いから人間関係の作り方を学んでいく時期。特に幼児期は自己中心性に支配され、ぶつかり合いも激しくなります。平気でキツイ言葉をぶつけたり、手を出し合ったり…。ところが次の日には何事もなかったかのように仲良く遊んでいることも。これも「根に持たない」という幼児期の特徴です。この段階でぶつかり合いを体験することが、その後の人間関係能力を発達させるために大切なのです。

ライオンは赤ちゃんのときにふざけて噛みつき合いをして、噛む加減を学習するといいます。人間も幼いときに他人とぶつかり合うことで、痛みや加減、相手の気持ちを理解していきます。そして青年期（11〜25歳頃）になると「根に持つ」という段階に入ってしまい、本音のぶつかり合いが怖くなります。幼児期のぶつかり合いを体験していない人は、本音での付き合い方が分からず、青年期以降の人間関係が苦手になるのです。

ケンカできる環境は貴重 時には口をはさまず見守って

幼児期のぶつかり合いが大切だと分かっていても、保育現場や親子が集まる場では、「子どもにケガをさせられない」となってしまいがち。でも、ホントはこの時期は軽くケガするくらいケンカをしておけばいいんです。私の子どもも園で他の子とぶつかり、先生から「お友達とおもちゃの取りあいでホッペに少しキズがつきました。ごめんなさい！」と言われたことがありますが、一人っ子だった娘にとっては貴重な体験なので、変な話ですが「ありがたい！」と思ってしまいました。自宅では体験できませんからね。ご質問の方のご家庭のように、ケンカができる環境はとても貴重です。

ただし、大人が介入するとややこしくなることがあるのでご注意を。知り合いのママは兄弟ゲンカのときは口をはさまず、「イヤやったねぇ」などと、泣いて訴えてきた子どもの〝受け入れ役〟に徹するそうです。それでいいのではないでしょうか。

まとめ

兄弟姉妹で気兼ねなくケンカを体験させられる環境はとても貴重。その後の人間関係を養う能力を身に付けることにつながります。時には仲裁などせずに、見守ってみてはどうでしょうか。

〈2011年9・10月号掲載〉

第5章

『パパ対策編』

できるだけ多くの人と
子育てを
パパは貴重な子育て仲間

相談 31

3カ月の男の子のママから

パパが育児に関心がありません。休日も自分の予定優先。パパにも育児を手伝ってもらうにはどうしたらいいですか？

父親と母親は子どもへの感情に違いがあるのか？

男女の身体的性差のため、女性は妊娠・出産・授乳という行動から子育ての初期段階において「親になる」という意識が男性より早く成り立ちやすい背景があります。

しかし！発達心理学者の柏木恵子氏の研究では、「子どもへの感情・愛情は、男性であれ女性であれ子と接触し養育する体験の中で育まれていくものである」ということ

が示されました。母親だから子育てが得意だったり我が子への愛情が特別だったりするわけではなく、父親だって母親のような養育行動をすれば、母親と同じような親子関係を築くことになるのです。ご質問の方のパパさんも、お子さんとの接触や関わりを増やせば、親としての我が子への感情・愛情をママにも負けないくらいに持つパパになれるということです。

ママが上手にパパを誘導することが大切

「パパは育児に関心がない」ということですが、赤ちゃんが生まれてまだ3カ月。もし、里帰り出産でもしていて出産直後からしばらく我が子に会っていなかったりする環境にあるとしたら、関わり不足でパパは我が子といえどもどう対応していいのか分からないのかもしれません。関わり不足だと、たとえ親子であったとしても子どもへの感情・愛情は湧いてきません。赤ちゃんと目を合わせたり、抱っこして肌の感触や匂いを感じたりすることで、子への愛着感情（「ああ、我が子だなぁ。いとしいなぁ」）

が育まれていくのです。

「パパが仕事で忙しく、物理的に子育てに関われない」というご家庭もあるでしょうが、子育ては量より質です。少しでもパパが赤ちゃんと触れ合える機会を作ってみましょう。ここはママが上手に誘導すること。「どうしても15分だけ抱っこしてて、おねがい～」とか「2階に用事あるから10分だけみてて～」とかなんとかお願いしてみて。そして、大事なのはお願いをきいてもらった後です！決して文句を言わないこと。「もう！なんで泣かすのよっ！」とか「そんな下手くそな抱き方ダメダメ！」なんて言ってはいけませんよ～。パパは自信喪失でますます赤ちゃんに近寄らなくなります。ここは女優になって「あら～、パパの抱っこだと体が大きいから安心してるわ～」とか「ホント助かるわぁ、ありがとね」と賛辞してあげて。抱っこすることがイヤでないパパになれたら、親としてのスタート準備OK。

交流分析という心理学派は「過去と他人は変えられないが、現在の自分は変えられる」という基本理念を唱えています。パパ（他人）を変えたかったら、まずママ（自分）が行動を変えてみることが近道だということです。

まとめ

親子でも触れ合いなくして情愛は深まりません。まずは、ママがパパを赤ちゃんと触れ合うように上手くリードしてあげてください。

〈2009年7・8月号掲載〉

相談32

6カ月の男の子のママから

イクメンという言葉がありますが、子育てでのパパの役割ってなんでしょう? 夫は「仕事が忙しい」からと、なかなか子どもと関わってくれません。

人間は一人では子育てできない生き物

パパが育児に関わってくれず、ママだけが孤軍奮闘…ヘトヘトになってイライラ。「わかる、わかる〜!」というママさん多いのではないでしょうか。

先日、日本赤ちゃん学会の理事長であり脳科学の研究で名高い小児科医の小西行郎氏の講演会に参加しました。そのお話の中で、「動物の赤ちゃんで、生まれた直後から

仰向けで寝るのは人間の赤ちゃんだけ。仰向けの姿勢は自然界では危険であり、弱い状況を招くことになるのに、人間はそうやって生物として弱くなることを選択し、仲良く集団で助け合う社会を作った。このことは、育児は社会で行うものであることを示している」と言われ、ゆえに「母親一人に育児をゆだねることは根本的に間違っている。人間の子どもは母でなくても育つのに、世の中の母親至上主義のような風潮は母親を混乱させている」と警鐘を鳴らしておいでました。

ママとパパが協働すれば子どもに良い影響与える

要するに、「子育てに絶対ママが必要」とか「パパが子育てに参加しないと子どもはダメになる」なんてことではないのですね。大切なのは、複数の人間で子どもを育てること。〝一人っきりで子育てする〟なんて状況は不自然なので、つらくて当然なのです。

現代のように核家族が多く、地域性の薄い時代は、子どもに関わる人間も少数です。その数少ない人間が協働して子育てしないと自然な子育てにはなりませんので、パパも子育てに参加してほしいのです。ここでいう「子育てに参加する」とは、子どもの世話をすることだけとは限りませんよ。私が夫にしてもらってうれしいことは、私が子どもの「あそんで〜！」攻撃を受けながら、「あ〜、台所の汚れた食器を洗わなくちゃならないのに…」「あ〜、もうゴミ出す時間なのに…」と頭をよぎるときに、さりげなく（←ここ大事！）食器を洗ってくれたり、さりげなくゴミ出しに行ってくれたりすること。これはもう、すっごくありがた〜い気持ちになります。

こういうことが、子育て期間中の協働性ですよね。「赤ちゃんってどう関わればいいのか分からない…」というパパも、こんな風に子育てに参加してくれれば、ママの気持ちに余裕ができ、子どもに良い影響を与える結果になります。

〝誰かが孤軍奮闘している〟状態にならないことが大切です。

まとめ

ママが一人で子育てするなんて不自然。大切なのは複数の人間が子どもに関わること。パパがママの心に余裕を作ってあげることも子育て参加。子どもにも良い影響を与えます。

〈2014年3・4月号掲載〉

相談33

6歳の男の子のママから

お友達とのトラブルがあると、パパは「やり返せ。男にはそれも必要」と子どもに言いますが、パパの方針には賛成できません。

人はそれぞれ考え方が違うことを学ぶ良い機会

いいように考えると、人はそれぞれ考えが違っていて当然なのですから、子どもにとって両親の考え方がそれぞれ違うということは、「人は考え方が一人一人違う」ということを学ぶ良い機会かもしれません。もし性格がおとなしい子どもさんだとしたら、両親からそろって「やり返せ」と言われると、「ぼくそんなことできないのに…」

とかえって追い詰めてしまうかもしれません。「パパは『やり返せ』と言ったけど、ママは『やり返さなくてもいいよ、自分が嫌なことを他人にしない人ってステキだと思うな』と言ってくれた」とほっとするかもしれません。

両親それぞれの主張を押し付けないように

ただし、その考え方の違いを夫婦の間で納得できていることが前提です。つまりパパは「パパはこのやり方がいいと思うんだけど、ママのやり方もある」と了解していて、ママも「ママはこのやり方がいいと思うんだけど、パパはこう思っているのよ」と了解していること。子どもに「人はそれぞれ考え方が違う」ことを教えるのであれば、まず親がそのことを理解していないと子どもは混乱してしまいます。両親がそれぞれ「自分の考え方が正しいのだ」と思い込んでいて、それぞれの主張を子どもに押し付けると、子どもはどちらの味方になればいいのだろうかと、小さいながら悩んでしまうのです。

ご質問のママは、パパの考えに賛成できなくても「そんな考え方もあるよね」と理解はしていらっしゃるのでしょうか？パパも然り。

お互いの考え方をお互いに受け入れる

もし、このように思えているのであれば、子どもさんは状況や自分の性格に合わせて、どちらのやり方でも理解できるようになるでしょう。すなわち、応用力や柔軟性を育てることにつながるのです。

子育てにはこの「柔軟性」がとても大事になります。まずは、親である私たちが必要以上に「～するべき」「～しなくてはならない」なんていう信念にとらわれてしまっていないか自己チェックし、お互いの考え方を受け入れるしなやかさを持つことが子育てのポイントなのではないでしょうか。

まとめ

子育ては「柔軟性」が大事で、人はそれぞれ考え方が違うことを学ぶ良い機会です。ただし、ママとパパがお互いの考えを理解していないと、子どもは混乱してしまいます。

〈2010年1・2月号掲載〉

第6章

『ママ自身のこと編』

あなた自身が楽になること
それが
子どもにとっても幸せなのです

相談34

4歳の男の子と2歳の女の子のママから

仕事・家事・育児で毎日忙しく、ついイライラしがちです。息子は私の顔色をうかがうようになり、子どもたちの寝顔を見ると反省して自己嫌悪になります。

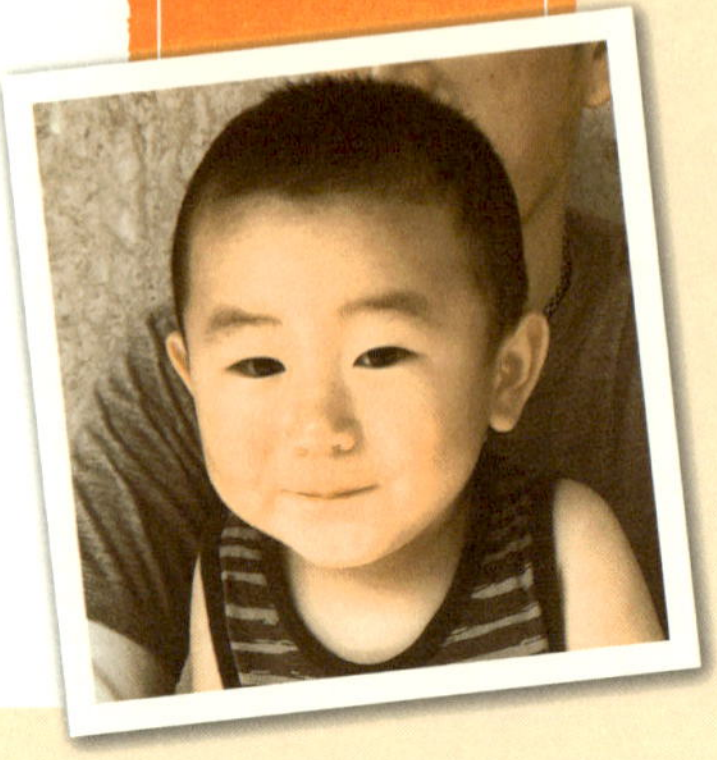

ゆとりのなさが「子育て困難感」を高める

私は以前、地域の親御さんに対して「子育て困難感」に関するアンケート調査を実施しました。そこでは、「核家族である」とか「共働きである」といった家族構成や就労形態での差はみられず、困難感を高める要因は、「自分の時間がない」というゆとり感のなさである、という結果を得ました。

たとえ、フルタイムで仕事をしていたとしても、心にゆとりさえあれば、困難さは感じません。逆に専業主婦でも心にゆとりがなければ、子育てに困難さを感じてしまうのです。つい先日、下の娘（もうすぐ2歳）がインフルエンザになり、私は5日間仕事を休みました。一日中グダグダとくっつかれ、やるべきことができない状況が続いたときには、片頭痛になるほどイライラしました。仕事中はこんなにイライラしないのに…。

そんなときは「少しだけでも自分の時間を感じる〝心のゆとり〟を持つこと」が、子育て困難感を感じにくくするために有効のようです。

心のゆとりを持つために「自分時間」を強く意識

では心のゆとりを持つにはどうしたらいいのでしょう？「自分の時間」が一つのキーワードになります。「○○をしているとき、これが私の時間なんだ」と強く意識するのです。私はコーヒーを飲んでいるときやペットの犬をかまっているとき、そう思うようにしています。「自分の時間がある」と実感することで、自分を取り戻せるのです。
そんな余裕もないという方は、人としての基本的欲求（食・睡眠などの生理的欲求）が満たされていないのかもしれません。そんなときは少し子育てから離れて、睡眠をとるなどの応急処置も必要です。地域の子育て支援センターなどでは、親のリフレッシュを理由とした一時保育も可能ですから、利用してみてはいかがでしょう。心にゆとりを持って、子どもに笑顔を向けられるようになるためだったら、これも有効な手段だと思います。

まとめ

一人っきりで子育てするのは大変です。時には上手に手を抜いたり、他人に甘えたりして、あなた自身がラクになること。それは子どもにとっても、幸せなことなのです。

〈2011年5・6月号掲載〉

相談35

1歳の男の子のママから

いろいろなものに興味津々な長男ですが、いたずらも多く、叱るときについつい反射的に手が出てしまいます。子どもを叩かずに済む良い方法はありませんか？

叩かれた子どもに残るのは叱られた理由ではなく恐怖心

ママは、叩くことは良い方法ではないと分かっているので、このようなご質問になったのですよね。

そうなのです。乳幼児を叩いて叱っても、良い結果にはなりません。叩かれた子どもには、叱られた理由が理解されずに、恐怖心だけが残る場合が多いのです。また、

1歳頃は、他人の行動をモデルにしていく時期ですから、他人から叩かれることによって、他人を叩く行動を促すことにつながってしまいます。

「叩かずに済む方法」。それは「叱るときに叩くのは良くない」とママが意識できるところから始まります。ここまでは、ご質問のママもできていますからOK。さあ次は、叩かないための取り組みです。

「叩く」背景を分析して自分に合った対処法を

どんなときにお子さんを叩いてしまいますか？叱るときでも、叩くときと叩かないときがあるのではないでしょうか？実は、私も子どもをついペチン！としてしまうときがあるんです。それは、①子どもに噛まれたり、叩かれたりして自分が「痛いっ！」と感じたとき、②私のイライラがたまっているとき。

特に②の要因が大きいと思います。こちらに心の余裕がないときは、子どもが自分の思い通りにならないと、カッときますすねぇ。そんなときの私は、それはそれは般若のような形相をしているのではないかと予想されます。このように自分が子どもを叩いてしまう背景が分かったら、次はその対処法を考えましょう。

私はイライラしていると叩いてしまいそうになるので、イライラしているときは子どもから離れたり、「まあいいよ、いいよ、フゥ～」と子どもと闘わないように、あきらめる（？）ことにしています。または、子どもを叩く代わりに、クッションをギュ～っと押しつぶしたり、グ～っと手を握ったりして耐えます。

まず大人が行動をコントロールする姿から、子どもも行動をコントロールする方法を学んでいくのです。

まとめ

大人のイライラはついつい子どもに流れてしまいます。イライラコントロールのために、上手にあきらめたり、「叩く」なら他のものにしたり。子育てはホント日々修業ですよねぇ。

〈2012年9・10月号掲載〉

相談36

子に愛情が湧かないママから

子どもがかわいくありません。どうしたものかと思い悩んでいます。

産後の関係次第では起こり得る感情

私は出産前、子どもを産んだらその瞬間「ああ〜、なんて私の赤ちゃんはかわいいの！他の子とは全然ちがう！」と思うだろうと予想していました。しかし、実際は「コレがおなかに入っていたのか…」ととても冷静な自分だったのです。「母性が湧き出る」なんてほど遠い状態でした。その後、たどたどしいながらも抱っこして見つめ合ったり、授乳して触れ合ったり、オムツを換えたりするうちに「我が子だなぁ〜」といとおしく感じる気持ちが湧いてきた記憶があります。

親と子がお互いに「この人（子）のことが好き、いとおしい」と感じる関係を「愛着関係」といいます。愛着関係は産んだ後の関わり合いの中から作られていきます。

ですから、赤ちゃん自身が生まれつき関わりにくい性格（気質）を持っている場合や親自身がストレスいっぱいでゆとりがない場合など、産後の愛着関係がスムーズに作られない場合には「我が子がかわいく思えない」という感情は起こり得ることなのです。

一人で抱えこまず信頼できる人に伝える

「親であれば我が子をかわいく思えるはず」ではなく、「親であっても状況によっては我が子をかわいく思えない場合もある」のです。このような状況のときにどうしたらよいか、私が思いつく提案をいくつか挙げてみます。

①**親自身が他者とつながる**　誰でも一人きりでの子育てはとてもストレスが高まります。「我が子がかわいい」という感情も湧いてこなくなります。子育て中こそ、親は他者とつながることが精神的安定には必要です。もし、身近に頼る人がいない状況であるならば、ぜひ、地域の保健センターや子育て支援センターなどに出向いてください。保健師さんや保育士さんと雑談するだけでいいのです。「話す」ことは「心を放つ（放す）」ことにつながります。

②**他者に我が子と関わってもらう**　保健師さんや保育士さんに我が子と関わってもらうと、親である自分では発見できなかったような面白い部分を発見してもらえたり、我が子の意外な一面を観察できたりして、我が子への見方を変えることができるかもしれません。

③**冷静に我が子を観察する**　こんな感情状態のときだからこそ、客観的に我が子を観察できるかもしれません。こんな表情をするのか、こんな動きをするのか…と人間観察してみてください。面白い部分が発見できるかもしれませんよ。

「我が子がかわいくない」と認めることができている状況はそれでいいのです。それを一人で抱えこまないで、信頼できる他者に伝えてください。まずはあなた自身がその苦しさから解放されることが大切です。

まとめ

産後の赤ちゃんとの関わりが上手くいかないと、かわいく思えないこともあり得ます。一人で悩まず、まず信頼できる他者に相談することが大切です。

〈2007年11・12月号掲載〉

相談37

3歳の女の子のママから

この春から娘が園に通い始めました。以前、支援センターで知り合ったママとトラブルになったことがあります。園のママ友と上手く付き合えるか不安です。

合う人には好意が生まれ合わない人は敬遠しがち

子どもが集まる場所で気になるのが、親同士の付き合い。独身のときは自分中心で人付き合いすればよかったのに、親になると子どもを介した人付き合いなので、勝手が違って戸惑われる方も少なからずいらっしゃるのではないでしょうか。

今回は「人付き合いのポイント」について、カウンセリング理論から一つご紹介します。人は「他者とつながりたい、合いたい」という基本欲求を持っています。ですから、思いや表情が他者と「合う」と安心できたり、うれしくなったりします。例えば、「私は歌手の○○が好きなんだ」と告白して、「私も一緒だよ～」なんて同意されたら、とたんに盛り上がって同意してくれた相手に対しても「いい人だなぁ」と好意を持ってしまったりしますよね。逆に、他者と「合わない」状況は、関係が浅いほど嫌な気持ちになったり、相手を受け入れ難くなったりします。

子育ては人それぞれ ママ友とは適度な距離で

「ママ友」の場合、子育て中という部分は共通しているので、子どもに関する「あるある～、そうだよね！」という話題で盛り上がると心の距離がグッと縮まります。

しかし、子育ての価値観や方法は人それぞれですので、「自分とは違う」という相手も出てきます。そんなときは「（自分とは違うけれどもあなたは）そうなんだ～」と相手を受け止めること。人は「他者から受け止めてもらう、分かってもらう」と安心できます。始めから「それは違う」と否定されると、関係が浅いほどその否定した相手を受け入れられなくなります。

子育てに正解はなく、誰しもがみんな「自分がより良い」と判断した方法を行っているのが子育てですので、自分との違いを認めつつ、それぞれの相手と適度な心の距離（近い相手もあれば、遠い相手もいる）で付き合っていくことがポイントではないでしょうか。

まとめ

ママ友には「子育て」という共通項はありますが、価値観・考え方は様々。まずは相手を受け止めるところから始めて、適度な距離で付き合ってみては。

〈2014年5・6月号掲載〉

相談38

5歳の女の子のママから

娘のお友達に発達障害（多動）のお子さんがいます。娘はその子が大好きなのですが、私自身どのようにその子やそのお母さんと接していいのか分りません。

心にある「壁」が障害になっていませんか？

以前、私が受けた障害児教育研修の講師のお話をご紹介します。「〝障害〟とは、障害者自身が持つハンディキャップのことを指す場合もあるけれど、人と人、人と物との間における状況が障害になる場合もあるだろう」という内容です。例えば、「知的障害児のA男くんにB教師が足し算を教えたけれど、A男くんは理解できなかった。

もしB教師が「A男くんは知的に障害があるから理解できないのだ」と捉えるとしたら、A男くんに合った足し算の教え方を見いだせないB教師の方にA男くんへの障害（＝壁）があるのではないか」ということ。障害のある人と接するときに、自分自身の中にその人への障害（壁のようなもの）がないか自問自答することの重要性を教えていただきました。

見方を変えることで関係もスムーズになる

ご質問の方の娘さんは発達障害のお友達に対して〝障害〟がないので、関係がスムーズなのですね。ママは娘さんにそのお友達のいいところを教えてもらいましょう。娘さんのその子への接し方をよく見て、そこから学べばいいのです。見方が変われば別のものが見えてきます。〝発達障害の○○ちゃん〟ではなく〝娘と仲良しの○○ちゃん〟と思えるようになれば、ママの中にある〝障害〟も障害でなくなります。

まとめ

相手との間に自分が障害（＝壁）を作っていないだろうか？特に子育て中はこの自問自答に迫られる機会が多くなるかもしれません。そうして人として深まっていくのでしょうね。

〈2010年5・6月号掲載〉

おわりに

2007年「はっぴーママ」創刊号から7年間、このコーナーを担当しました。

この7年の間に、下の子の妊娠・出産もありました。

私自身、思い通りにはいかない子育てに悶々としている一親ですので、ご質問に「そうだよねぇ～」「わかる、わかる～」の思いで書いてきました。

個人的な思いを暴露しますと、私は子育てというものを「たのしい～！」というよりは、「人生修行」だと感じています。そりゃ「子どもがいてくれて幸せだなぁ、愛しいなぁ」とは思いますよ。でも、子育てがなければ、ここまでイライラすることや、思い通りにいかないこと、他人のためにここまで合わせたり我慢したりすることもなかっただろうなぁ、とも思うのです。

子育てを通して、これらの思いをいかにやり過ごすかの修行をしているんじゃないかー。そしてまた、この体験が自分を磨いてくれるんだろうなとも思います。子どもがいてくれることで、見えてくるもの、新しい体験がいっぱいできますものね。

それは楽しいことばかりではないのだけれども、人生のスパイスとしては大事なものなんだろうなーなんて、あとがきに寄せてまた自分の子育て論を確認できちゃいました。ホント、「はっぴーママ」には感謝感謝です。

この本を出版するにあたって企画・編集に携わってくださった久保田直人さん、春木由希子さん、デザイナーの和泉みちこさん、イラストレーターのｓａｒａさん、おかげ様で皆さんのお人柄のようなあたたかい雰囲気の本になりました。また、質問をくださった皆様、読んでくださった皆様、どうもありがとうございました。たくさんの方に感謝の気持ちを込めて、あとがきとさせていただきます。

２０１６年３月　米川祥子

著者略歴

米川 祥子（よねかわ しょうこ）

金沢大学大学院学校教育専攻（教育心理）修了。2000年、臨床心理士資格取得。心療内科カウンセラー、スクールカウンセラーなどを経て、2003年から金城大学短期大学部幼児教育学科の講師として勤務、2014年から准教授。地域の子育て支援活動や育児中の母親に向けた講演会活動なども精力的に行っている。

米川センセイの子育て相談

ママのミカタ こどものミカタ

2016年4月15日　第1刷発行

著　者　米川 祥子
発　行　能登印刷出版部
〒920-0855　金沢市武蔵町7番10号
TEL 076-222-4595　FAX 076-233-2559

デザイン　和泉 みちこ
印刷・製本　能登印刷株式会社

ISBN978-4-89010-690-5 C0077